Construire et aménager une cabane

massin

SOMMAIRE

Construire une cabane

Cabanes à vivre

Avertissement : cet ouvrage étant une traduction d'un ouvrage à succès de Black&Decker, nous avons converti les mesures initialement en pouce dans le système métrique.

CONSTRUIRE UNE CABANE

INTRODUCTION

D'instinct, l'être humain se cherche un refuge. Dès son plus jeune âge, il aime posséder « son » endroit, pour jouer ou se cacher. Sous une couverture déroulée sur la table du salon. Dans un grand carton décoré. Dans un « château fort » fait de branches et d'une bâche au fond du jardin. Puis le temps passe. Sa tanière se métamorphose… en un salon douillet et bien chauffé. Le confort est certes au rendez-vous, mais plus rien n'évoque l'abri d'un aventurier. Ou une cabane dans les arbres.

Car la cabane est « l'anti-maison » par excellence. C'est la chambre que l'enfant n'est pas obligé de ranger, où traînent ses baskets boueuses et ses bocaux remplis d'infortunées fourmis. Il y a planté son canif dans le mur peint de sa couleur préférée ! Pour un adulte, c'est la chambre qu'il n'est pas obligé de ranger, où traînent, etc., etc. Mais l'avantage incontestable de cette cabane, c'est d'être perchée dans un arbre. LE BON-HEUR. Quitter le sol, par la seule grâce d'une structure naturelle, est un sentiment unique qui réveille les sens les plus innés : écouter le chant de la brise, observer un insecte microscopique arpenter l'écorce… Seigneur en votre cabane suspendue, vous faites la sieste quand bon vous semble, libéré des contraintes terrestres, avec le ciel pour seul interlocuteur.

Séduit par cette perspective ? N'attendez plus. Ce livre vous accompagnera tout au long de cette aventure. Choisissez d'abord votre (ou vos) arbre(s). Si votre jardin n'abrite pas le candidat idéal, pas d'inquiétude, il existe une kyrielle de solutions. Lors de la phase de conception – qui doit toujours privilégier la santé et le développement de l'arbre – faites travailler vos méninges pour établir un plan qui transformera votre rêve en réalité. Enfin, après un petit cours relatif à la sécurité, vous enfilerez votre harnais et dégainerez votre marteau (jamais de scie !). Très vite, votre cabane prendra forme sous vos yeux ébahis !

Qu'importe à qui cette cabane est destinée, sa construction est un projet qui se partage à merveille avec les enfants, qui l'adoreront d'autant plus s'ils ont participé à sa création et en profiteront pour acquérir quelques talents de charpentier. Qu'attendez-vous pour grimper dans votre arbre ?

QUELQUES EXEMPLES DE CABANES

Si chaque arbre est unique, il n'existe pas deux cabanes perchées identiques. De fait, il y a certainement plus de diversité parmi les cabanes que parmi les arbres. À chaque concepteur son modèle, car le projet d'un refuge suspendu libère en chacun une créativité débridée souvent incompatible avec les maisons ou les garages «terrestres». Vous trouverez dans les pages à suivre une galerie exceptionnelle de ces refuges hors du commun : colorés, fantasques, discrets, confortables… tous ces styles et ces idées ne manqueront pas de vous inspirer dans votre quête de la cabane parfaite.

Une cabane peut faire corps avec l'arbre. En respectant la direction des branches lorsque vous concevez votre projet, la nature pourrait vous entraîner hors des sentiers battus.

2

3

4

1. Commencez par faire simple, c'est le meilleur moyen pour laisser libre cours à votre imagination.

2. Décor de rêve pour les imaginations fertiles : il émane un charme irrésistible de ce jardin secret dissimulé dans les arbres.

3. En ajoutant quelques pilotis, il est possible de construire une cabane relativement grande dans un arbre relativement petit.

4. Deux arbres d'une hauteur similaire offrent un support solide à cette cabane qui s'étire entre les deux troncs.

1

2

3

1 & 2. Dans un arbre, le mot « maison » revêt une multitude de significations. Un « toit » peut se constituer d'un ensemble de branches, un « mur » de planches peintes et de ficelles. Prenez toutefois vos précautions vis-à-vis de l'administration : ces balustrades de corde pourraient ne pas recevoir l'aval d'inspecteurs de la sécurité…

3. Des couleurs éclatantes et des formes insolites apportent de la fantaisie et de la gaieté à cette cabane dont l'un des murs est traversé par une grosse branche.

4. Une fois la plateforme en place, l'arbre est prêt à accueillir des visiteurs. Vous pouvez ajouter des murs et un toit, au rythme de vos envies et de celles de vos enfants (futurs ados).

Quelques exemples de cabanes (suite)

1

1. Des bardeaux et un style résolument Nouvelle-Angleterre pour cette belle cabane perchée... pourtant située dans le Minnesota (États-Unis).
2. Si le monde est une scène, ce théâtre perché lui sied à merveille (ainsi qu'aux nombreux «pestacles» à venir...).

1

1. Une cabane pour quatre saisons, c'est possible… à condition de prévoir doudounes et moufles.

2. La silhouette d'une cabane perchée rappelle parfois celle d'un vaisseau spatial. Contrairement aux apparences, la petite structure au pied du tronc ne cache pas des toilettes extérieures : il s'agit d'un abri de jardin.

3. Plutôt que des planches, rondins et branches confèrent une touche rustique à la cabane (vérifiez les conditions de leur utilisation auprès de votre administration locale).

4. Une cabane bien conçue et bien construite participe pleinement au plaisir de voir ses enfants grandir.

Quelques exemples de cabanes (suite)

1. Une cabane dans les arbres possède, elle aussi, des aménagements intérieurs ! Comme son extérieur, ceux-ci peuvent être simples ou sophistiqués. Cette cabane est magnifiquement aménagée, avec lits superposés et plancher poncé. Elle dispose même de l'électricité !

2. Et pourquoi ne pas installer une terrasse devant l'entrée de votre refuge dans les airs ?

3. Une maison surélevée au milieu des arbres grâce à des pilotis possède tous les atouts d'une cabane perchée, sans les contraintes de superficie.

3

LES DIFFÉRENTES PARTIES D'UNE CABANE

Version miniature d'une maison traditionnelle ou pièce unique issue d'une folle créativité : une cabane dans les arbres laisse le champ libre à l'imagination. Le refuge idéal se résume parfois à un hamac suspendu au-dessus d'une terrasse ! Toutefois, d'autres options s'offrent à vous.

Les murs

Les murs définissent l'allure et la silhouette de la cabane et délimitent l'espace intérieur. Des parois pleines offrent une intimité et un sentiment de sécurité, mais une maisonnette peut aussi s'offrir aux éléments naturels, protégée par les seules branches de l'arbre. Si entre ces deux modèles, votre cœur balance, envisagez un système d'auvent avec une cloison à charnière.

1. Des parois pleines plus ou moins hautes bloquent la vue sur le jardin des voisins et créent une véritable tanière pour vos enfants.

2. Des panneaux rabattables ménagés dans le toit laissent passer l'air lorsque le temps le permet.

3. Les parois ouvertes laissent passer la brise et offrent une vue dégagée. Elles sont plus faciles et moins chères à monter que des murs pleins. Si vous renoncez aux murs, optez pour une barrière de sécurité.

4. Des murs arrondis se marient naturellement à la forme de l'arbre.

Un chantier familial

Si vous destinez la cabane à vos enfants, faites-les participer à sa construction. Nombre de parents ont sué sang et eau pour offrir à leur progéniture un somptueux refuge… toujours vide.

Les enfants profiteront plus de leur cabane (et seront initiés aux principes de base de l'architecture !) s'ils se sont impliqués dans sa mise en œuvre. Qui sait ? Dans l'un d'eux se cache peut-être Le Corbusier du xxie siècle !

2

3

4

Le toit

Toute forme, tout style de toit est adapté à une cabane. N'hésitez pas à incorporer des branches – ou le tronc – pour créer des formes organiques étonnantes. Commencez par dessiner un toit traditionnel puis improvisez selon la silhouette de votre cabane. Ou passez-vous de toit, de planches et de bardeaux pour vous abandonner à la protection de la canopée !

1. Plat, un appentis est facile à construire et s'adapte à tous les types de cabanes.

2. Le toit à pignon est la plus classique des toitures. À chaque extrémité, le mur est taillé en « accent circonflexe ».

3. Un toit conique fait beaucoup d'effet sur un mur arrondi. Les chevrons sont disposés en éventail depuis le sommet de la toiture.

4. Un toit amovible découpé dans une toile ou une bâche en plastique suffit parfois à un refuge perché ou à un solarium.

5. Les toits à quatre versants sont plus difficiles à charpenter que les appentis ou les toits à pignon.

1

2

3

4

5

Les portes et les fenêtres

Une cabane accueille avec plaisir une porte et des fenêtres récupérées ou bricolées par vos soins. Il n'y a rien de plus enthousiasmant que de concevoir un mur ou une entrée autour d'un vieux hublot ou d'une ancienne porte de cave. Vous pourriez acheter une porte ou une fenêtre toute faite, mais leur dimension (et leur apparence) ne sied guère aux cabanes. Les enfants adorent les portes insolites – celles des écuries, avec leurs deux panneaux superposés – et les embrasures par lesquelles demander « qui est *làààààà* ? ».

1. Les boutiques de récupération regorgent de trouvailles en matière de portes et de fenêtres.

2. Une fenêtre se bricole facilement avec une vitre en plastique et des chutes de planches.

3. Les portes d'écuries ont un indéniable cachet et sont appréciées des petits et des grands.

4. Une porte pleine munie d'un verrou est une bonne idée pour protéger l'intérieur d'une cabane perchée un peu isolée.

Les moyens d'accès

Une cabane suspendue est magique car elle accueille tout ce qui n'a pas sa place dans une maison traditionnelle : trappe, filet, rampe de pompier... Pourquoi avoir une porte d'entrée quand on peut sortir de chez soi en glissant le long d'une corde ! Si vous n'avez pas l'âme d'un ninja, faites l'impasse sur les trappes et les tyroliennes, et sachez qu'une échelle ou même un escalier sont des modes d'accès tout à fait respectables !

1. Une échelle est un moyen d'accès simple et facile, qui préserve toutefois un certain isolement.
2. Les escaliers sont une bonne option, pratique, pour les cabanes qui reçoivent de nombreux visiteurs.

Les terrasses

Les modèles de cabanes les plus appréciés sont souvent constitués d'une maisonnette couvrant un tiers à deux tiers de la plateforme, laissant la place pour une terrasse et ainsi disposer d'un espace fermé et d'un espace de plein air. Une petite terrasse fera office de palier pour l'escalier ou l'échelle d'accès ; une grande terrasse recevra les amis autour d'un verre au coucher du soleil.

1. En plaçant la maisonnette au centre de la plateforme, vous obtenez une terrasse circulaire.
2. Une fois la plateforme en place, rien de plus facile que de ménager une terrasse.
3. Des escaliers ou une échelle exigent un palier : en y ajoutant à peine un mètre de profondeur, vous transformez ce palier en terrasse.

2

1

3

cool window
THE CLUB-
HOUSE

LA CONCEPTION

Posez la question de la mise en œuvre d'une cabane dans les arbres à un passionné et il vous répondra que l'arbre décide de tout. Qu'il convient de respecter ses forces et ses faiblesses et surtout de ne pas lui imposer une trop forte étreinte. Il vous parlera également d'esthétique. Le charme d'une cabane dépend étroitement de son arbre-hôte : elle doit épouser son caractère et utiliser ses atouts naturels – vivre au milieu des branches, telle est la philosophie de la cabane perchée. Une fois que vous avez sélectionné votre arbre et consulté la mairie pour obtenir les autorisations nécessaires, il est temps de songer à l'allure de votre futur refuge : sa hauteur, sa superficie, son style. Multipliez les croquis. À l'issue du processus de conception, ces ébauches vont aideront à tout mettre à l'échelle.

La conception

Hauteur de la plateforme. La première question à laquelle il faut répondre est : à quelle hauteur situer la cabane? Si elle doit être utilisée par des enfants, ne la construisez pas à plus de 2,50 m du sol, ce serait dangereux (un enfant s'amuse autant à 2 m qu'à 3,50 m ou 6 m). Si votre refuge est conçu pour des adultes, visez plus haut, mais posez-vous les bonnes questions :

- Aurez-vous besoin d'un accès facile? Si la cabane fait office de bureau ou de chambre, il vous faudra hisser fournitures et provisions.
- Le projet est-il réalisable? La construction est la phase la plus dangereuse, et plus une plateforme est élevée, plus elle est compliquée à bâtir.
- Les enfants des voisins pourront-ils grimper jusqu'à votre tanière? Si elle est très haute, un accident pourrait se produire…

Quel que soit l'emplacement choisi, assurez-vous que la cabane ne blesse pas l'arbre. Les pépiniéristes recommandent de l'installer en dessous du centre de gravité de l'arbre – celui-ci varie selon la taille et le comportement de l'arbre. En général, il est conseillé de bâtir sur le tiers inférieur de l'arbre. Si vous avez de la chance, l'arbre vous facilitera la tâche en offrant des branches disposées en angle à la hauteur idéale.

Pour loger la cabane, il convient également d'élaguer : si un élagage pensé et mesuré est recommandé par les pépiniéristes, couper de grosses branches saines va complètement à l'encontre de la philosophie de la cabane perchée. Si une grosse branche vous empêche de mener votre projet à terme, demandez conseil à un spécialiste.

1

N'hésitez pas à grimper dans l'arbre jusqu'à la hauteur envisagée pour la plateforme pour évaluer si la vue est dégagée ou non. Imaginez-vous dans votre futur repaire. Vous vous y voyez ? Parfait ! Il est temps désormais de décider du mode d'accès à votre nid.

Accès. Pour choisir le moyen d'accès, pensez aux futurs locataires. Des adultes préféreront un escalier ou une échelle robuste, quand les enfants privilégieront l'insolite (restez ferme cependant et dites NON au trampoline ou au saut à la perche…). Désirez-vous que l'escalier ou l'échelle restent hors de vue, ou au contraire qu'ils soient aisément accessibles depuis votre « vraie » maison ?
Le mode d'accès doit s'accorder avec la hauteur de la plateforme, mais une chose est sûre : abandonnez l'idée de marches ou d'échelons arrimés individuellement au tronc. Même s'ils sont correctement posés – avec des vis filetées et non des clous –, c'est la porte ouverte aux problèmes de sécurité et vous risquez d'abîmer l'arbre.

Soleil et saisons. Comme pour n'importe quelle maison, le soleil et le climat doivent être pris en considération. Vous rêvez peut-être d'être réveillé par la lumière du soleil en été, ou de grimper dans votre refuge après une rude journée de travail. Situez votre cabane en fonction de vos préférences horaires. Pensez à l'ombre pour éviter aux enfants une exposition prolongée au soleil.
Les arbres à feuillage caduc réservent parfois de mauvaises surprises : à l'automne, quand les branches sont nues, votre cabane pourrait bien faire saillie, comme une grosse verrue… Pensez-y si votre chantier démarre quand les arbres sont bien fournis.

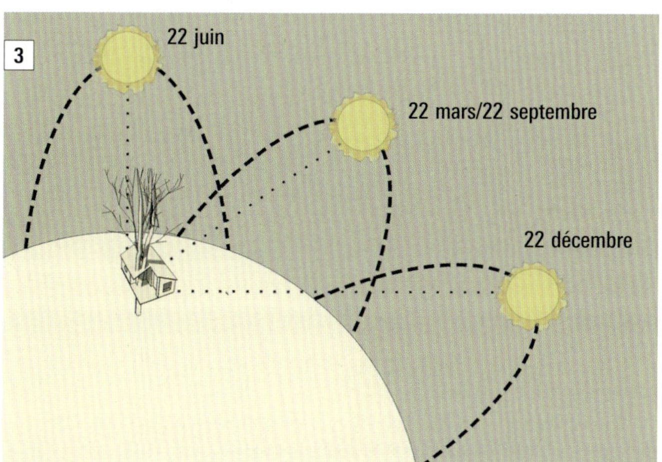

1. À seulement un ou deux mètres du sol, les enfants ont déjà le sentiment d'approcher la cime des arbres.
2. Ne clouez jamais d'échelons sur le tronc : ils pourraient s'arracher et tomber lorsque vous grimpez.
3. Le soleil est au plus haut en été, au plus bas en hiver, et l'ombre suit son mouvement. Pensez-y en concevant votre cabane.

La conception (suite)

Superficie, forme et proportions. Commencez par penser « petit ». Pourquoi ? Pour des questions de poids.
Plus grande est la cabane, plus lourde sera la charge sur l'arbre. Une grande bâtisse offrira plus de prise au vent, provoquant une pression supplémentaire sur les branches ; l'arbre aura alors du mal à rester droit. Il n'est pas rare qu'un arbre tombe après avoir accueilli une cabane aux dimensions disproportionnées. Si vous voulez un refuge spacieux, sélectionnez un arbre assez imposant ou un groupe d'arbres bien stables.
Une cabane dans les arbres se passe très bien de murs de hauteur standard (2,40 m en général) : pour des adultes, 2 m suffisent amplement ; mais pour des enfants, en fonction de leur âge et de leur courbe de croissance, arrêtez-vous à 1,80 m.
Pour déterminer la superficie de la plateforme, dégagez le coin d'une pièce où les murs se rencontrent à angle droit. À l'aide de deux mètres ruban posés au sol, matérialisez la superficie envisagée – déroulez-les par exemple sur 3 m pour 9 m^2, ou déroulez l'un sur 3 m, l'autre sur 4 m pour 12 m^2. Les mètres ruban se rejoignent à angle droit et représentent les deux murs imaginaires de votre future cabane. Placez-vous au centre de la surface ainsi délimitée ; posez-y des chaises, un meuble, pour voir si tout tiendra dans la cabane. Prévoyez aussi de la place pour le tronc, si la cabane est construite autour de lui.
Votre cabane ne sera pas nécessairement carrée – à vrai dire, cela arrive plutôt rarement. Pourquoi pas un triangle ? Un losange ? Une forme originale ? Ne craignez pas de laisser tomber le principe de symétrie : contrairement à votre « vraie » maison, la cabane se prête à toutes les fantaisies pour être vraiment unique en son genre.

Poteaux. Les intégristes de la cabane dans les arbres hurleront à l'idée d'utiliser des poteaux de soutien, mais n'ayez pas honte ! Des poteaux apportent du renfort à un arbre insuffisamment résistant, ou remplacent un arbre là où il fait défaut. Ils étayeront aussi une poutre porteuse si la distance entre deux arbres est trop longue.
Attention ! L'emploi de poteaux pose des limites : il exige que la cabane ne soit pas trop élevée – le poteau est cimenté dans le sol, impossible à déplacer, quand un arbre, lui, se balance au gré du vent. Sur un arbre mature, le mouvement est à peine perceptible sur le 10e inférieur de sa hauteur totale : donc, si les poteaux constituent votre support principal et que l'arbre mesure 18 m, installez la plateforme à 1,80 m ou 2 m du sol au maximum.

Adaptez-vous ! Gardez toujours l'esprit ouvert. En élevant un mur, vous vous apercevrez peut-être que la fenêtre prévue à cet endroit conviendrait mieux à une autre paroi, ou que l'ombrage de la canopée semble soudain trop impénétrable... Construire une cabane dans les arbres, c'est travailler en étroite collaboration avec la nature. Soyez prêt à vous adapter !

4

5

4. Deux murs et deux mètres ruban permettent de visualiser la superficie au sol de votre future cabane.
5. Des poteaux solides soutiennent efficacement une construction, mais uniquement si la cabane subit peu de déplacement.

Dessiner les plans

Multiplier les croquis est une technique toujours payante… il est en effet plus facile de modifier un plan sur papier d'un coup de gomme plutôt que de déplacer une poutre vissée dans un tronc à 3 m de haut.

Commencez par prendre les mesures du ou des arbres hôtes. Mesurez les troncs, les branches principales, les espaces disponibles. Avec ces mesures et quelques croquis, vous établirez des dessins à l'échelle de l'arbre et de la cabane, selon différentes perspectives.

Dessinez d'abord la plateforme – c'est l'étape la plus difficile, elle réclame de la persévérance. Si vous renoncez à dessiner des plans définitifs, réalisez au minimum un plan de la plateforme avant de débuter votre chantier.

Pour tester vos idées de murs et de toiture, prenez l'arbre en photo. Imprimez le cliché sur une feuille A4 et servez-vous de vos précédentes mesures pour avoir une idée de l'échelle. Dessinez vos idées sur du calque posé sur la photo. N'hésitez pas à prendre plusieurs photos sous des angles différents.

1. Un plan au sol de la plateforme permet de diviser l'espace et de prévoir la terrasse, les paliers et toute autre zone extérieure.

2. Une vue de dessus de l'ossature de la plateforme offre une vue «à vol d'oiseau» du/des arbres hôtes et des poteaux porteurs.

3. Pour juger de la hauteur de la plateforme, ces croquis sont précieux : ils permettent d'avoir une idée des proportions et des branches qu'il faudra peut-être intégrer. La technique du calque et de la photo donne une vue précise du projet envisagé.

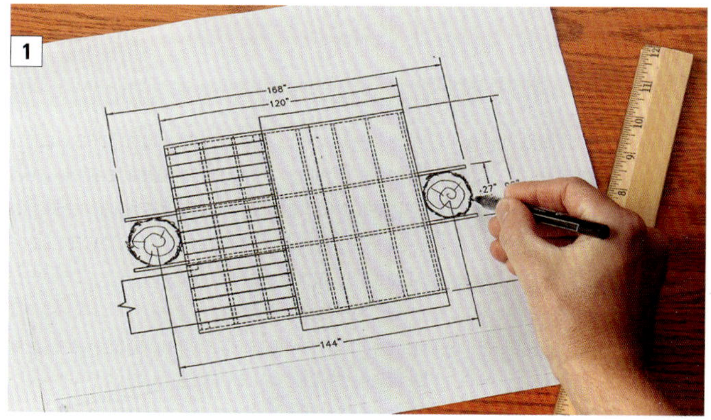

Bois et quincaillerie

Une cabane dans les arbres classique pour enfants est traditionnellement bricolée avec du bois de rebut « trouvé » sur un chantier de construction voisin, et des clous rouillés. Ajoutez-y du papier goudronné et des chutes de moquette et le tour est joué. Cependant, si votre projet était aussi simple, vous ne seriez probablement pas en train de lire ce livre... Plus sérieusement : de quoi avez-vous besoin? Essentiellement de matériaux imputrescibles et anticorrosion.

Pour le bois : le mélèze, le douglas, le cèdre et le pin traité sous pression (parfois le sapin ou une autre essence) résistent au pourrissement des années durant. Même si la cabane est au sec sous un toit bien hermétique, utilisez ces bois pour vos aménagements intérieurs, car l'humidité trouve toujours le moyen de s'infiltrer.

Assurez-vous que le bois est bien solide. Par exemple, sachez qu'un madrier de cèdre n'est pas aussi résistant que le pin, le sapin ou le mélèze souvent mentionnés dans les tableaux des portées. Le mélèze et le douglas sont à privilégier pour les extérieurs, tandis que le pin, le sapin et le cèdre conviennent pour les intérieurs. Le contreplaqué est fréquemment employé – toujours dans ses versions « marine » ou « pour usage extérieur ».

Remarque sur le bois traité sous pression : la loi prévoit que le bois commercialisé destiné à la construction ne doit pas être traité avec des produits à base d'arsenic. Pour autant, le bois contient des agents conservateurs qui l'empêchent de pourrir pendant au moins trente ans – pensez-y au moment de choisir un bois qui sera souvent manipulé (banc, table, rampe...).

En ce qui concerne la quincaillerie, préférez toujours l'acier galvanisé par immersion à chaud ou matriçage pour les boulons, les vis ou les équerres, et l'aluminium pour les clous à toiture. L'acier inoxydable est le meilleur et le plus robuste des matériaux antirouille, mais il n'est pas très courant dans le domaine de la quincaillerie et coûte bien plus cher que l'acier galvanisé. Pour toute fixation à l'arbre, préférez les vis et les boulons plutôt que les clous. Les boulons, d'un diamètre minimum de 13 mm, doivent être galvanisés pour résister à la corrosion (ou être en matériau antirouille). Pour des raisons de sécurité, ne plantez jamais de clou dans un arbre : l'arbre bouge et le bois, matière vivante, ne retient pas le clou aussi sûrement qu'une planche. Les clous en acier galvanisé se prêtent parfaitement à l'assemblage – même si vous pourriez leur préférer des vis spécial terrasse ou des vis à bois. Par ailleurs, l'assemblage de madriers de petites dimensions (50 × 50 ou 50 × 75) s'effectue plus facilement avec des vis.

Les raccordements et systèmes d'arrimage exigent parfois des câbles extra-forts et des chaînes galvanisées à haute résistance. Pensez également aux dispositifs GL (Garnier Limb), ces éléments qui se vissent dans le tronc et permettent de supporter des poids extrêmes (voir p. 52).

Bois et matériaux de récupération. Vous aurez l'occasion de farfouiller sur les sites de vente de bois d'œuvre recyclé et les boutiques de récupération, à la recherche de bois ancien et patiné et d'accessoires uniques. Cette réjouissante chasse aux trésors est synonyme de « chantier écologique ». Prudence toutefois : inspectez rigoureusement le bois. Des fissures, un trop grand nombre de nœuds ou des traces de pourrissement trahissent un bois insuffisamment solide pour l'usage que vous lui destinez.

1. Le bois utilisé pour la construction d'une cabane dans les arbres doit être adapté à un usage extérieur. C'est le cas du cèdre, du mélèze, du pin traité sous pression, du contreplaqué marine ou destiné à un usage extérieur (non visible sur la photo).

La quincaillerie des cabanes arboricoles :

2. Tirefond
3. Boulons à œil
4. Piton à vis
5. Équerres d'assemblage et supports
6. Clous galvanisés et vis spécial terrasse
7. Rondelles galvanisées
8. Chaîne galvanisée à haute résistance (diamètre 20 mm)
9. Câble extra-fort en acier galvanisé
10. Poulie
11. Serre-câbles et manilles
12. Foret

2
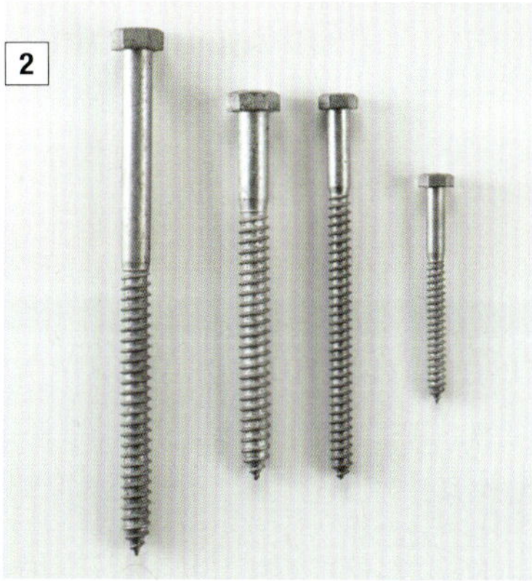

3
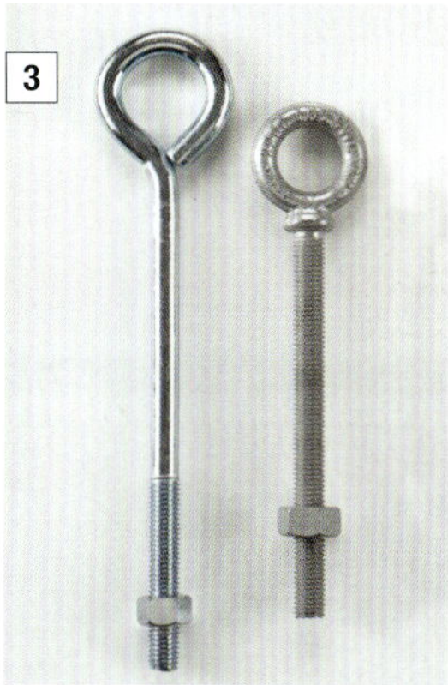

4
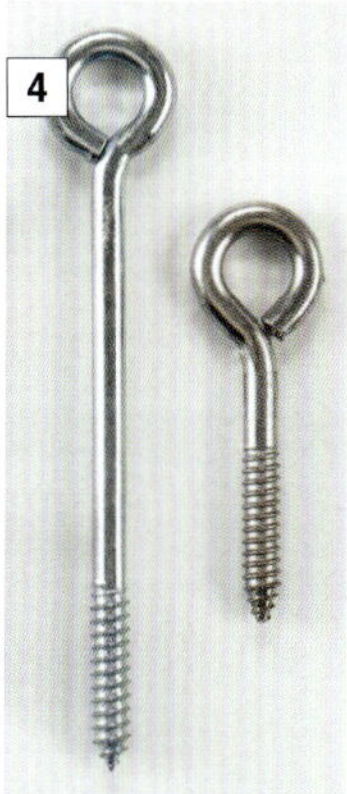

5
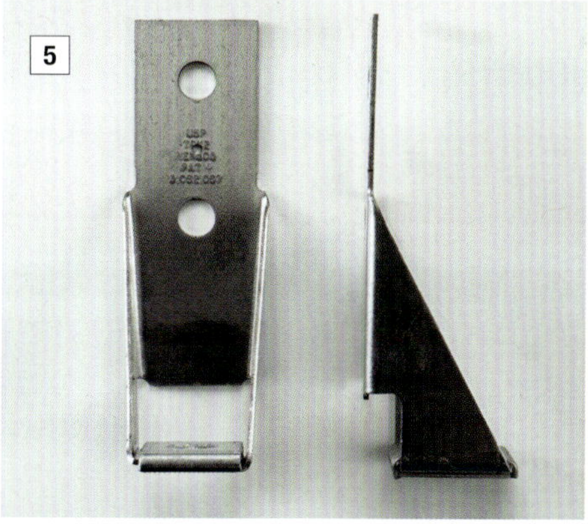

6
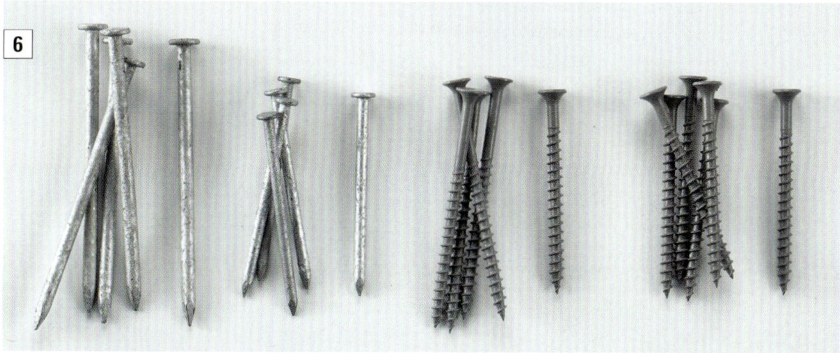

7

8

10
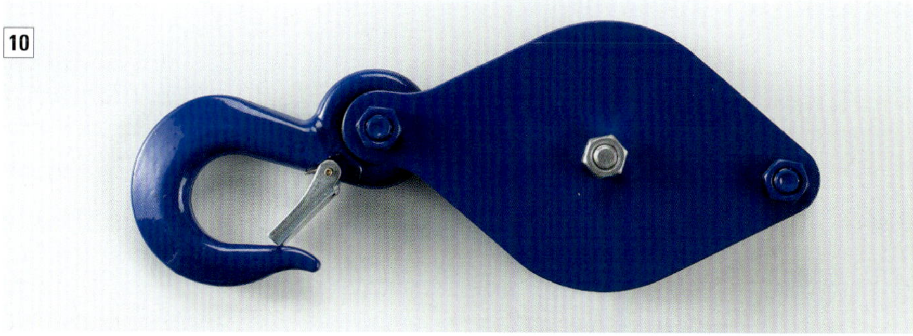

9
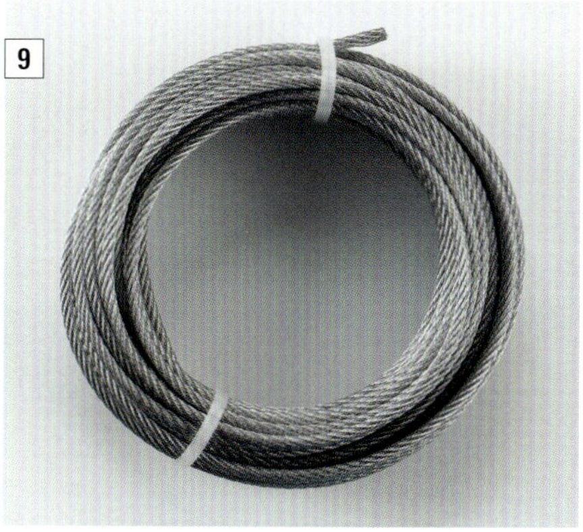

11

12
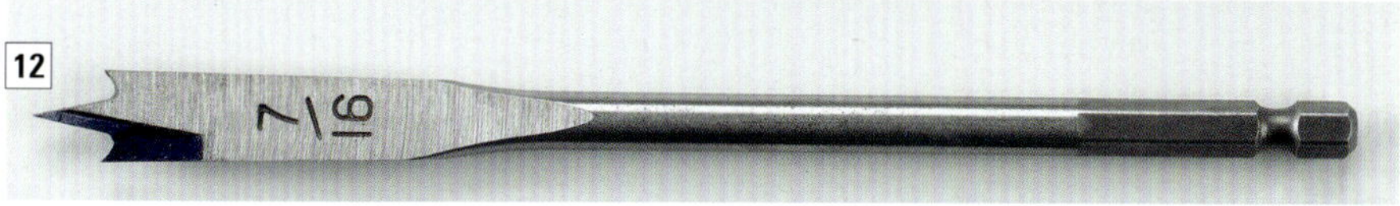

QUESTIONS DE SÉCURITÉ

Un abri perché n'est pas sans risques – une terrasse surélevée dans votre «vraie» maison ou une cage à poules au fond du jardin non plus. Cependant, vous vous sentirez en sécurité si votre cabane a été conçue avec le plus grand soin, que vous l'entretenez régulièrement et que vous gardez toujours à l'esprit que vous vous trouvez à plusieurs mètres du sol. La question de la sécurité se peaufine pendant la phase de conception et celle de construction et, ce, quel que soit l'âge des futurs locataires. Une cabane pour enfants fera, bien entendu, l'objet de toutes les précautions possibles ; mais n'oubliez pas qu'un enfant peut à tout moment faire irruption dans un abri destiné à des adultes. Quand un petit enfant débarque dans une maison où rien n'est prévu pour lui, c'est la panique car les dangers sont partout. Ne vous laissez pas surprendre.

En matière de cabane dans les arbres, la sécurité est primordiale, pendant et après la construction.

Sécurité et conception

La première précaution à prendre concerne la plateforme, qui supporte la maisonnette et ses occupants. Rien ne sert de réaliser tous les éléments de la cabane avec soin si la plateforme pèche en matière de sécurité. Soyez particulièrement vigilant sur les points suivants :

1. La hauteur de la plateforme d'une cabane pour enfants ne doit jamais excéder 2,50 m.
2. Inspectez régulièrement les supports de la plateforme et les points d'ancrage à l'arbre.

Une fois la plateforme solidement en place, vous vous intéresserez aux autres problèmes de sécurité de votre projet.

Balustrades. Une plateforme doit être circonscrite par un mur ou une balustrade. Les normes qui s'appliquent en la matière pour les maisons « terrestres » doivent être respectées pour les cabanes perchées.
Une balustrade doit mesurer au moins 1 m de haut, et la distance entre les balustres ne pas excéder 10 cm. Elle sera suffisamment résistante pour supporter le poids de plusieurs adultes appuyés contre elle, et d'enfants turbulents. Pour une cabane destinée à de très jeunes enfants, choisissez des madriers de dimension standard (50 × 50 cm) ou des balustres rigides verticaux – ni cordes, ni câbles. N'installez jamais de balustres horizontaux dans une cabane pour enfants (ils les utiliseraient comme marchepied). Lisez les informations complémentaires sur les balustrades p. 81.

Paliers. À chaque moyen d'accès (échelle, corde, escalier, etc.) ses mesures de sécurité, mais tous doivent aboutir à un palier. Ce dernier impose donc une interruption dans la continuité de la balustrade : attention, danger ! Lorsque vous concevez votre cabane, n'oubliez pas :

- D'installer un garde-fou au niveau du palier (ceci est une obligation, pas une option).
- De ménager un espace suffisant au niveau des paliers pour que l'on puisse accéder à la plateforme et se tenir debout sans avoir à reculer.
- De poser un revêtement antidérapant sur les paliers pour éviter les chutes quand la surface est mouillée.
- De fixer des poignées de part et d'autre de la balustrade au niveau de l'ouverture du palier, et partout où elles faciliteront l'accès (même sur le plancher).
- D'installer une barrière pour empêcher les très jeunes enfants d'accéder aux paliers.

1. Une poignée robuste est toujours appréciée par les grimpeurs fatigués. Elle doit être galvanisée, ou tout du moins traitée anticorrosion.
2. Tout repose sur la plateforme. Veillez à bien l'entretenir.
3. Une balustrade robuste et conforme aux normes de sécurité en vigueur assure la sûreté de tous, petits et grands.

1

Propriété privée !

Fermer à double tour une petite cachette au fond du jardin semble inutile, mais c'est une précaution à prendre pour une cabane suspendue : si vous n'avez pas toujours l'œil dessus ou qu'elle est située à proximité d'une route, elle peut attirer l'attention et être vandalisée. Vous seriez dans l'embarras si les enfants des voisins y accédaient sans votre autorisation et s'y blessaient.
Voici quelques suggestions raisonnables :

- Installez une porte solide munie d'un verrou (contreplaqué de 20 mm d'épaisseur renforcé par un cadre en bois – esthétique, non ; résistant, oui).
- Installez des panneaux « Accès interdit », « Propriété privée » ou « Danger ».
- Protégez les fenêtres par des volets intérieurs ou verrouillés de l'extérieur.
- Remplacez le verre des vitres par du plastique (le polycarbonate mentionné p. 79 résiste aux jets de pierres).
- Utilisez une échelle escamotable ou amovible comme unique moyen d'accès et retirez-la lorsque vous quittez la cabane.

Sécurité et conception (suite)

Portes et fenêtres. Le principal danger des fenêtres et des portes, c'est le verre. Il n'y a pas 36 solutions : évitez-le, surtout dans une cabane pour enfants, car il se brise trop facilement. Préférez-lui le vitrage plastique (polycarbonate d'au moins 6 mm d'épaisseur) qui fait ses preuves sur les structures publiques de plein air (arrêts de bus par exemple).
Certes, le plastique raye et s'opacifie avec le temps, mais il se remplace facilement et évite bien des points de suture.
L'emplacement des portes et des fenêtres est primordial. Toutes les issues doivent s'ouvrir sur la plateforme et non directement sur le vide... Si la porte est proche du palier d'accès, assurez-vous qu'il y a assez d'espace entre la porte et l'ouverture de la balustrade.

Au pied de l'arbre. En cas de chute inopinée, mieux vaut que le sol situé juste au-dessous de la cabane soit souple. Pour cela, couvrez-le d'une couche de copeaux de bois. D'une épaisseur de 15 cm environ, elle amortira une chute de 2 m. Vérifiez toujours qu'il n'y a aucun caillou, branche ou objet dur sous la cabane.

Détails. Règle n° 1 pour une structure destinée aux enfants : dégauchir tous les éléments métalliques exposés. En effet, si un enfant chute en glissant le long d'un poteau, c'est un moindre mal s'il y gagne égratignures et échardes. En revanche, si sa rotule heurte un boulon saillant...
À propos d'échardes : veillez à passer au papier de verre les surfaces rugueuses au fur et à mesure du chantier. Vos enfants et vos invités vous en seront reconnaissants. Veillez aussi aux clous saillants et aux parties métalliques rouillées.

Entretien. Une cabane dans un arbre défie constamment la loi de la gravité. Ajoutez à cela les éléments naturels, la menace de la rouille et du pourrissement... il faut donc effectuer un entretien régulier, plusieurs fois par an, en inspectant la structure soigneusement, surtout après une tempête – les déplacements de l'arbre ont pu abîmer la plateforme ou briser des points d'arrimage. Vérifiez balustrades, poignées et moyens d'accès.
Inspectez méticuleusement les points d'ancrage à l'arbre ; vérifiez que rien n'est brisé, que l'écorce est intacte. Les supports, les câbles de tension et les cordes qui frottent contre l'écorce blessent durablement l'arbre s'ils entament l'aubier (le bois situé juste en dessous de l'écorce). Surveillez également les trouées par lesquelles le tronc et les branches traversent la cabane (élargissez-les s'il le faut pour ne pas « étrangler » l'arbre). Enfin, ôtez les branches mortes ou abîmées tombées sur la maisonnette.

4. Il est judicieux de couvrir la zone située juste en dessous de la cabane d'une épaisse couche de copeaux de bois pour amortir d'éventuelles chutes.
5. Les poutres porteuses et les points d'ancrage sont généralement à l'origine de catastrophes qui pourraient être évitées. Inspectez-les régulièrement pour repérer pourrissement, corrosion et détériorations.

4

5

Travaillez en toute sécurité !

Travailler en hauteur exige des mesures de sécurité encore plus drastiques que sur un chantier de construction « terrestre ». Nous insisterons ici sur les conditions relatives aux chantiers de cabanes arboricoles et au travail « en altitude », mais gardez toujours à l'esprit quelques précautions universelles. Pour travailler en plein air, il faut prendre en compte le climat, la surélévation, et surtout rester à l'écart des lignes électriques. En faisant appel à votre bon sens, vous ne risquez rien.

Portez une tenue appropriée au travail et au temps. Évitez les températures extrêmes (chaudes ou froides) et restez chez vous en cas de vent fort.

Autant que faire se peut, attachez-vous les services d'un assistant – surtout quand vous travaillez en hauteur. Si vous êtes seul, informez un membre de votre famille ou un ami qui viendra vous voir à intervalles réguliers. Gardez votre téléphone portable sur vous si vous en possédez un.

Ne travaillez pas après avoir consommé de l'alcool. Si vous prenez des médicaments, lisez attentivement la notice.

Si vous grimpez sur une échelle, faites en sorte que celle-ci dépasse de près d'un mètre le rebord du toit, pour une plus grande stabilité. Montez et descendez de l'échelle depuis les échelons les plus bas. Soyez prudent et gardez votre centre de gravité le plus bas possible lorsque vous passez de l'échelle au toit : restez face à l'échelle et évitez de trop vous relever, vous pourriez perdre l'équilibre. Déplacez l'échelle aussi souvent que nécessaire pour éviter de trop vous pencher. Enfin, ne présumez pas trop de la solidité de votre échelle : lisez attentivement les mesures de sécurité figurant sur son étiquette.

Sortez couvert ! Les personnes qui ne sont pas concernées par le chantier ne doivent pas avoir accès à la zone située sous la plateforme. Le port d'un casque est souhaitable pour tous les ouvriers ainsi que pour les enfants évoluant à proximité de la zone de travaux.

Pour éviter la chute d'une corde – qui peut entraîner celle d'un outil – enroulez-la autour d'une branche. De même, portez une ceinture à outils pour avoir outils et fixations à portée, tout en gardant les mains libres pour manipuler une planche par exemple.

1. Sur un chantier, l'emplacement de l'échelle est un facteur de sécurité essentiel. Un arbre n'offrant pas de surface lisse et plate, munissez votre échelle d'embouts de caoutchouc, pour une meilleure stabilité. Et souvenez-vous : une chute de quelques mètres suffit à se fracturer le coude… ou pire.

Travaillez en toute sécurité ! (suite)

Systèmes de poulie. La poulie est un accessoire amusant. Grâce à elle, on hisse un panier rempli de provisions. Sur un chantier, une simple poulie munie d'un seau ou d'un cageot permet de monter son outillage.

Comment installer facilement une petite poulie :

1. Choisissez une corde solide (Nylon ou cordage – pas de polypropylène qui ne résiste pas à l'exposition au soleil), nouez l'une des extrémités à un petit sac rempli de sable et faites-la passer par-dessus une branche robuste.

2. Nouez une poulie traitée anticorrosion à proximité de l'autre extrémité de la corde, puis faites un nœud juste à côté de cette extrémité (nœud de chaise).

3. Passez une seconde corde dans la poulie et sécurisez temporairement ses extrémités afin que la corde ne s'échappe pas.

4. Passez la première corde dans la boucle réalisée à l'étape 2, puis hissez la poulie jusqu'à la branche. Nouez fermement l'extrémité que vous tenez en main pour attacher la poulie à la branche.

Pour soulever de lourdes charges, utilisez un palan à moufles (voir page suivante) – système sur lequel un câble unique s'enroule autour de deux poulies (moufles), ce qui démultiplie la puissance de levage de chaque poulie. Par exemple, un palan à moufles à six poulies offre près de 3 kilos de puissance de levage par tranche de 500 g de puissance appliquée à la corde de tirage. Si vous pesez 68 kilos et que vous vous suspendez à l'extrémité de la corde de tirage, vous soulèverez plus de 400 kilos sans bouger un muscle. L'inconvénient ? Vous devrez tirer la corde six fois plus qu'avec une seule poulie. Pour une cabane très haute, il vous faudra une belle longueur de corde. Si vous levez des charges avec un palan à moufles, il est préférable qu'une autre personne, au sol, surveille la corde reliée à la charge pour aider à la stabiliser et à la guider entre les branches.

Check-list « sécurité »

Conception

- ☐ Plateforme à 2,50 m de haut maximum (cabane pour enfants)
- ☐ Balustrade résistante de 1 m de haut minimum ; distance entre les balustres 10 cm maximum
- ☐ Balustrade continue, jusqu'aux côtés des escaliers
- ☐ Garde-fou au niveau du palier
- ☐ Pas de balustres horizontaux
- ☐ Paliers spacieux et équipés de poignées
- ☐ Pas d'échelons arrimés au tronc (voir p. 33)
- ☐ Revêtement antidérapant au niveau des paliers
- ☐ Pas de vitres en verre (cabane pour enfants)
- ☐ Portes et fenêtres ouvertes sur la plateforme, non sur le vide
- ☐ Revêtement souple sous une cabane pour enfants
- ☐ Éléments métalliques dégauchis
- ☐ Pas de vis ou de clous saillants, planches bien rabotées
- ☐ Arrimage à l'arbre avec vis et boulons exclusivement ; pas de clous (voir p. 36)
- ☐ Entretien régulier des supports de la plateforme et de l'arrimage, des balustrades, des moyens d'accès et des poignées

Construction

- ☐ Cordage de sécurité et harnais pour tout travail en hauteur
- ☐ Port d'un cordage de sécurité, même une fois la plateforme achevée
- ☐ Pas d'enfants ni de visiteurs sous l'arbre au cours du chantier
- ☐ Port du casque pour les ouvriers et les enfants évoluant à proximité du chantier
- ☐ Respect des mesures de sécurité relatives au chantier et, plus particulièrement, à l'échelle
- ☐ Pas d'alcool avant ou pendant les heures de travail

2. Le nœud de chaise est l'un des plus costauds : il forme une boucle très résistante qui ne glisse pas.

3. L'une des cordes monte et relie la poulie à l'arbre ; la seconde corde assure le fonctionnement de la poulie.

4. Le palan à moufles facilite le levage de lourdes charges (poutres et parois préfabriquées…).

2

3

4

TECHNIQUES DE CONSTRUCTION

Construire une cabane dans les arbres se résume essentiellement à un travail de charpentier. Toutefois, même si vous avez des années d'expérience en la matière les pieds bien plantés dans le sol, tout change quand vous quittez la Terre. Les tâches les plus simples prennent une nouvelle dimension et vous devez vous concentrer pour ne pas perdre l'équilibre. *In fine*, que vous bâtissiez un refuge arboricole, des toilettes ou une niche pour le chien, la réussite d'un projet tient avant tout à sa conception et à des techniques avérées. Nous avons déjà abordé la conception, il est temps de s'intéresser à la construction.

CONSTRUIRE UNE PLATEFORME

Voici venu le temps de surélever cette cabane. La plateforme est la première phase – la plus importante et la plus délicate – du processus de construction. Si vous faites du bon boulot, la suite du chantier sera un bonheur, sachant que votre refuge sera bâti sur une base solide. Pour construire une plateforme qui tient la route, vous devez déterminer comment elle sera fixée à l'arbre, en respectant les déplacements naturels de celui-ci. Vous déciderez aussi de la dimension des poutres (support et ossature de plancher), en fonction de la superficie de la cabane et de son poids. L'arbre hôte est au cœur de chaque décision. Ce chapitre vous guide du choix de l'arrimage jusqu'à l'installation du plancher. Nous vous proposerons ensuite différents types de plateformes. Les méthodes et les configurations présentées ici ont déjà fait leurs preuves. Cependant, vous êtes le seul architecte, ingénieur et bâtisseur à bord : c'est à vous de décider ce qui sera le plus approprié. Si vous avez le moindre doute à propos de la solidité de votre cabane, prenez conseil auprès d'un professionnel.

La plateforme de la cabane perchée doit être robuste, bien parallèle au sol et, par-dessus tout, solidement fixée à l'arbre (ou aux arbres).

Les bases

Traditionnellement, une plateforme est constituée de poutres porteuses et d'une ossature de plancher. Les poutres sont arrimées à l'arbre et supportent le poids de la totalité de la structure. L'ossature comprend des solives, perpendiculaires aux poutres. Une fois recouvertes de planches, cette ossature devient le plancher de la cabane, sur laquelle vous élèverez des murs. Les cabanes destinées à de très jeunes enfants ne sont soutenues que par un simple plancher, à condition d'être près du sol et bien portées par les branches.
La dimension des poutres et des solives n'est pas une science exacte (c'est le cas aussi pour une maison « normale »), mais des tableaux de portées seront de bon conseil. Contactez le service construction de votre mairie pour toute information sur les tableaux de portées, l'utilisation des poutres et des solives, le matériel. À cette kyrielle de décisions, il convient d'ajouter les déplacements naturels de l'arbre susceptibles de mettre une pression sur l'ossature de plancher. La meilleure solution ? Des fixations flexibles (nous en reparlerons). De toute façon, il vaut mieux prévoir trop solide que pas assez. La plateforme ne se considère pas sous les seuls points de vue de la robustesse et de la stabilité. Elle doit également être bien droite (si vous avez déjà marché sur un vieux plancher en pente, vous savez pourquoi), pour éviter toute sensation de déséquilibre. Pour choisir l'emplacement des fixations d'une future plateforme bien droite, munissez-vous d'un cordeau de maçon et d'un niveau à bulle.

Quelques astuces supplémentaires :

- Utilisez un seul tirefond de 19 mm de diamètre pour arrimer la poutre directement à l'arbre. Pour des supports plus légers, vous vous en sortirez avec des vis de 13 mm, mais ne descendez pas en dessous de cette dimension.
- Si vous devez absolument utiliser plus d'une vis, ne placez JAMAIS deux vis selon une ligne verticale à moins de 30 cm d'écart. Chaque vis blesse l'arbre, et si les vis sont trop proches les unes des autres, ces « blessures » risquent de fusionner et de dégénérer en pourrissement.
- N'ôtez jamais l'écorce de l'arbre pour y arrimer des fixations. À la rigueur, poncez soigneusement la surface à condition que l'écorce reste intacte. Mieux encore, utilisez des coins de bois pour niveler équerres et autres systèmes de fixation.
- Lorsque vous construisez une plateforme dans les arbres, posez des poutres et des solives un peu plus longues que prévu, il sera toujours temps de les scier quand l'ossature sera achevée (ou de les laisser telles quelles pour servir de portant à une tyrolienne ou une balançoire...).

1. Des attaches posées à la verticale trop proches les unes des autres peuvent provoquer un pourrissement de l'arbre, puis tomber.

Techniques d'arrimage

Pour fixer une plateforme, il faut prendre en compte les mouvements naturels de l'arbre. Le problème est le suivant : si vous construisez sur ou autour d'une partie de l'arbre souvent agitée par le vent, et si vous fixez la cabane à plusieurs endroits (ou sur plusieurs arbres), au bout d'un certain temps, la cabane ou l'arbre devra céder… et c'est le plus souvent la cabane qui perd le combat. Vous devez absolument respecter la nature en utilisant des modes de fixation qui n'entravent pas les mouvements de l'arbre.

Les bâtisseurs de refuges perchés se fient à un certain nombre de méthodes d'arrimage. On en distingue quatre principales, détaillées ci-dessous et en pages suivantes. Vous pouvez bien entendu faire appel à plusieurs de ces méthodes.

Arrimage fixe. C'est le type de fixation le plus simple : les poutres porteuses sont solidement arrimées à l'arbre grâce à des tirefonds. Ces vis à bois empêchant l'arbre de bouger, elles sont généralement utilisées sur une cabane fixée à un unique tronc, ou en association avec un arrimage flexible (coulissant ou par suspension) situé à l'autre extrémité de la poutre. Pour installer un arrimage fixe, percez dans la poutre un trou un peu plus grand que nécessaire à votre tirefond, en n'atteignant pas tout à fait le centre de l'épaisseur de la poutre. Percez ensuite un avant-trou dans l'arbre, d'un diamètre légèrement inférieur à celui de la tige de la vis. Ajoutez une rondelle sur la poutre et une ou deux grosses rondelles sur l'arbre, afin d'arrimer la cabane au tronc avec le tirefond. Les rondelles fixées sur l'arbre empêchent la poutre de frotter contre l'écorce.

Diamètre de la vis : utilisez un tirefond de 19 mm de diamètre, suffisamment long pour pénétrer dans l'arbre sur 12 à 15 cm de profondeur. Pour une poutre de près de 40 mm d'épaisseur, vous aurez besoin d'une vis d'au minimum 230 mm pour une fixation adéquate.

1

2

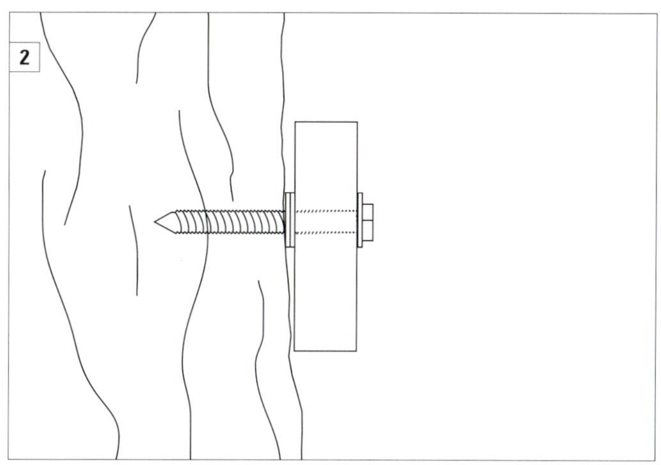

1 & 2. Un seul tirefond constitue un arrimage fixe adéquat, à condition que la vis soit suffisamment résistante. Plusieurs vis endommageraient l'arbre. Intercalez une rondelle entre la tête de vis et la poutre afin d'empêcher que celle-ci ne frotte contre l'écorce.

Plateformes : techniques d'arrimage (suite)

Arrimage coulissant. Il existe deux principaux types d'arrimage coulissant : à mortaise ou à support. Le premier est une simple variante de l'arrimage fixe, mais au lieu de percer un trou dans la poutre pour fixer le tirefond, vous façonnez une encoche autorisant un déplacement latéral de quelques centimètres. Ce mode de fixation s'adapte aux petites cabanes, pas trop élevées, qui ne requièrent pas un support à toute épreuve. Avec un tirefond de 20 mm et de grosses rondelles placées des deux côtés de la poutre, pratiquez une encoche de 2,50 cm de large et de 7 à 15 cm de long. Laissez un peu de jeu au niveau de la vis.

L'arrimage coulissant à support est composé d'une ferrure, ou taquet, qui vient soutenir la poutre par en dessous. Quand l'arbre bouge, la poutre est libre de glisser le long du support sans frotter contre l'écorce. Correctement installé, ce type de fixation est le mieux adapté aux cabanes de grande superficie.

Malheureusement, votre magasin de bricolage ne vend pas ce type de fixation. Comment se la procurer ? Vous pouvez la faire fabriquer sur mesure par un soudeur qualifié, ou utiliser un dispositif Garnier Limb (GL), fixation métallique spécifiquement conçue pour les cabanes perchées. Le GL comprend une extrémité filetée qui se visse dans l'arbre et une extrémité « lisse » qui vient soutenir la poutre. Les inventeurs du GL ont adapté leur dispositif à toute une variété de configurations de cabanes. Il supporte jusqu'à 1,8 tonne. N'hésitez pas à consulter leur site www.treehouses.com.

Arrimage par suspension. Avec un système de fixation suspendue, les poutres sont véritablement en suspens par rapport à l'arbre grâce à un câblage qui laisse celui-ci libre de ses déplacements au maximum. C'est aussi la solution idéale si le tronc ou les branches supportent difficilement une plateforme. Attention ! Le diamètre minimal de la branche à laquelle fixer un arrimage par suspension est de 15 cm.

4

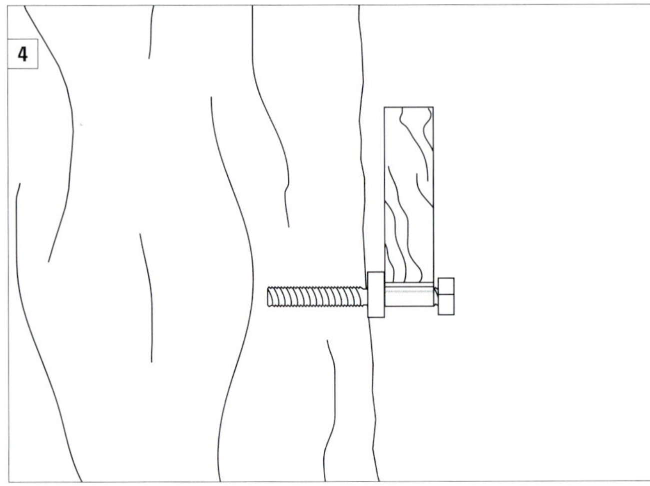

5

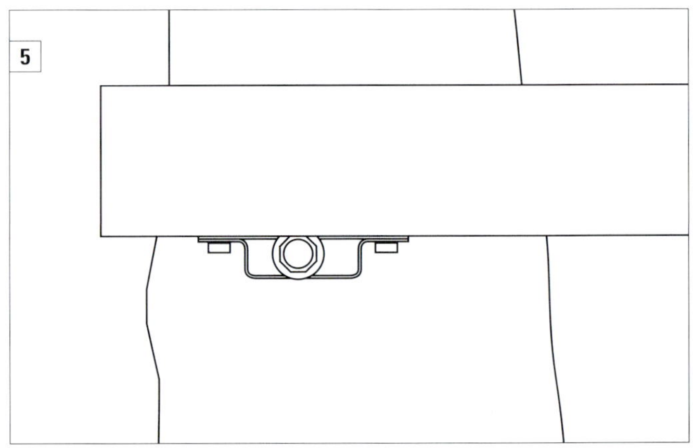

3

6

Il existe plusieurs modèles d'arrimage par suspension. Le câblage de base est très flexible : sciez un câble antirouille de 1,80 m de long et une chaîne haute résistance et antirouille que vous enroulez deux fois autour de la poutre. Vissez un piton à vis de 16 mm dans l'arbre, à environ 1,20 m au-dessus de la hauteur prévue pour la poutre. Positionnez-le pour que sa tige soit perpendiculaire au câble une fois que celui-ci sera suspendu – c'est le piton, plus que le câble, qui supporte le poids de la poutre.

Suspendez la poutre à la hauteur voulue en utilisant un cordage temporaire. Passez le câble par le piton et maintenez-le avec trois serre-câbles. Enroulez la chaîne autour de la poutre et reliez ses extrémités au câble. Pour éviter que la poutre ne glisse en dehors du dispositif, laissez une bonne longueur dépasser de part et d'autre de la chaîne et installez une attache métallique solide sous la poutre qui fera office de glissoir.

Un autre modèle d'arrimage par suspension fait appel à des boulons à œil de 16 mm qui traversent complètement la branche de support. Un autre boulon à œil traverse la poutre, fermement sécurisé à son extrémité. Les deux boulons sont reliés par une manille ultra-résistante, ce qui permet des déplacements dans toutes les directions.

Le boulon à œil vissé dans la branche ne blessera pas l'arbre, à condition que la branche ait un diamètre d'au moins 15 cm. N'oubliez pas de placer une rondelle robuste sur le dessus de la branche, une autre au-dessous de la poutre. Si votre poutre est constituée de deux planches, ajoutez des boulons à bois de part et d'autre du boulon à œil afin que les deux planches restent bien solidaires.

Quel que soit le mode de fixation utilisé, la poutre, le câble et la quincaillerie ne doivent pas frotter contre l'arbre. Si votre installation n'autorise pas un jeu d'au moins 15 cm entre la poutre/suspension et l'arbre, intercalez un bloc de bois pour qu'aucun frottement ne vienne abîmer l'écorce et les premières couches de bois. Enfin, ne suspendez jamais un câble ou une chaîne en le/la passant directement autour d'une branche ou d'un tronc, vous endommageriez l'arbre durablement.

3. Une fixation coulissante à mortaise autorise l'arbre (ou les arbres) à se déplacer latéralement.

4 & 5. Une fixation «spécial cabane arboricole» est robuste ET autorise les déplacements. Ce dispositif, appelé Garnier Limb (ou GL), est très apprécié des constructeurs de cabanes professionnels; il se commande sur Internet.

6. Une fixation coulissante à support permet un déplacement horizontal et vertical tout en offrant un soutien adéquat. Son inconvénient? Elle doit être fabriquée sur mesure.

7. Une suspension par vis ou boulon à œilleton exige une branche d'au moins 15 cm de diamètre.

8. La suspension par câble est maintenue par un piton à vis fixé dans l'arbre et une chaîne d'un diamètre de 20 mm enroulée deux fois autour de la poutre.

Plateformes : techniques d'arrimage (suite)

Contreventements. Une fois la poutre fixée au tronc, le contreventement peut soutenir plusieurs types de plateformes. Considéré comme un mode de fixation secondaire, il est pourtant essentiel à certains modèles de plateformes.

Un contreventement – ou renfort de cadre – est une poutre placée de façon à former un triangle avec la plateforme et l'arbre. Il est plus solide lorsqu'il est placé à 45°. Tous les modèles de contreventements pour cabanes arboricoles suivent ce principe « triangulaire ».

Pour une résistance maximale, l'extrémité supérieure du contreventement doit rencontrer la poutre à une distance qui ne doit pas être inférieure aux deux tiers de la distance séparant la poutre du tronc.

Peu importe si vos renforts de cadre ne sont pas d'une longueur égale, l'important étant l'angle de 45°. Pour relier l'extrémité supérieure du contreventement à l'angle de la plateforme, utilisez des connecteurs réglables. Pour le fixer au-dessous de la poutre ou de la solive, ayez recours à deux plaques de raccordement métalliques, vissées avec des boulons à bois.

Relier le contreventement à l'arbre est une autre histoire. Sur les grosses cabanes construites par des professionnels (oui, certains en ont fait leur métier…), on utilise des supports métalliques fabriqués sur mesure. Les amateurs se contentent plutôt d'un connecteur réglable vissé dans l'arbre et fixé au contreventement par des clous.

9. **Le contreventement soutient la plateforme et répartit le poids entre le tronc et les tirefonds qui relient les poutres au tronc.**

9

Pose du plancher

Si vous pensez que nous venons de sauter l'étape de l'ossature du sol en passant directement de la création du cadre à la pose du plancher… vous avez raison. La configuration d'une ossature de plancher étant étroitement liée à la conception de la plateforme, vous aurez une meilleure approche de la technique en étudiant les modèles proposés à partir de la page 57. La plupart des plateformes accueillent des planchers posés de façon traditionnelle, à l'aide de planches, de lattes ou de contreplaqué (destiné à un usage extérieur). Ce dernier est le moins onéreux et le plus simple à poser. Son inconvénient : les planchers des cabanes sont souvent humides et l'eau ne s'évacue pas sur une surface pleine en contreplaqué, c'est pourquoi les lattes des terrasses sont toujours espacées – permettant ainsi à l'eau de s'évacuer. Toutefois, si vous êtes décidé à créer un environnement sec à l'intérieur de la cabane, posez un plancher plein en contreplaqué ou en lattes à système de rainure et languette.

Fixez le plancher avec des vis spécial terrasse rivées dans un avant-trou (même si, d'habitude, les lattes à rainure et languette se fixent avec des clous). Utilisez des vis suffisamment longues pour pénétrer l'ossature sur au moins 3 cm. Prévoyez un espace d'au moins 6 mm entre les lattes (ou plus, si vous le souhaitez). Deux vis à l'extrémité de chaque solive sont largement suffisantes. Si vous installez un plancher en contreplaqué, utilisez des vis spécial terrasse de 50 mm tous les 15 cm sur le pourtour, tous les 20 cm ailleurs.

Pour ne pas entraver sa croissance, laissez un espace de 5 cm entre le plancher et l'arbre, en sciant le plancher pour qu'il s'adapte au tronc : posez la planche sur l'ossature, le plus près possible de son emplacement définitif ; avec un compas, tracez-y les contours de l'arbre.

1. À l'aide d'un compas, tracez le contour du tronc ou des branches.

2. Fixez le plancher à l'ossature à l'aide de vis spécial terrasse traitées anticorrosion.

MODÈLES DE PLATEFORMES

Nous vous proposons en pages suivantes cinq modèles adaptés à différentes configurations d'arbres, en espérant qu'ils vous inspireront. Ils ne sont là qu'à titre d'exemple. Les dimensions des poutres et des solives, le choix de la quincaillerie, et même la configuration de la plateforme ne dépendent que de votre seul projet et de l'arbre que vous aurez choisi pour celui-ci.

Plateforme nichée dans les branches

Cette plateforme toute simple convient à une cabane destinée à de jeunes enfants. Petite (environ 1,50 m x 1,80 m), elle est soutenue par des branches et non des poutres porteuses. Son ossature de plancher, solide, est arrimée directement à l'arbre. Pour laisser les branches libres de leurs mouvements, deux des quatre arrimages sont de type coulissant, deux sont fixes. Le plancher est en contreplaqué de 20 mm d'épaisseur. Les branches doivent présenter un diamètre minimum de 15 cm.

Déterminer les points d'ancrage. Avec quatre clous et un cordeau de maçon, délimitez le contour de la plateforme sur les branches porteuses. Attachez le niveau à bulle au cordeau que vous déroulez sur les quatre côtés, en ajustant la hauteur du clou pour que l'ensemble soit bien droit. Chaque clou représente un point d'ancrage. Si vous n'êtes pas satisfait du résultat, ôtez le cordeau et recommencez mais laissez les clous en place à titre de repère.

Pose des solives de bordure. En vous repérant aux clous, mesurez la longueur approximative de la première solive de bordure. Coupez environ 30 cm afin d'avoir un peu de jeu lorsque vous positionnerez perpendiculairement les deux solives de bordure. Indiquez sur la planche l'emplacement des deux points d'ancrage fixes, puis percez de part en part un trou adapté à un tirefond de 29 mm, un peu en dessous du centre de la planche (voir p. 51).

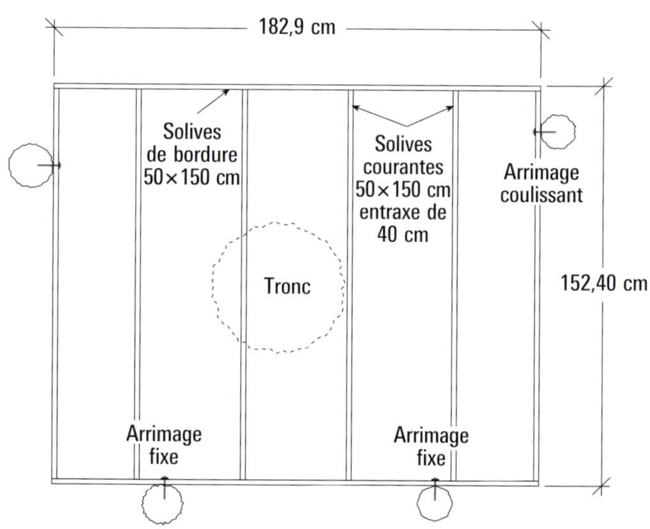

Repositionnez la solive : est-elle bien droite? Percez un avant-trou de 15 mm de diamètre dans l'arbre pour l'un des points d'ancrage. Ajoutez des rondelles de chaque côté de la solive, que vous fixez avec le tirefond. Percez un avant-trou au même niveau pour le deuxième tirefond.

Astuce : si la branche n'est pas verticale et que la solive n'est pas d'aplomb, fixez un morceau de bois derrière la solive avec de l'adhésif de construction.

Coupez les deux solives de bordure qui seront perpendiculaires à la première. Demandez à quelqu'un de vous aider à tenir l'extrémité d'une des solives tandis que vous marquez le repère du point d'ancrage à l'autre extrémité. Pratiquez une encoche de 25 x 75 mm à 25 x 150 mm pour l'arrimage coulissant et fixez la poutre à l'arbre avec un tirefond et des rondelles (voir p. 52).
Assemblez les solives avec des clous de 90 mm. Installez la solive opposée et rivez-la à la première solive. Coupez et fixez la quatrième. Sciez les extrémités de la première solive afin qu'elle soit dans l'alignement des autres.

Pose de solives courantes. Indiquez la position de la solive courante sur les deux solives de bordure longues afin qu'elles soient bien parallèles. Espacez les solives selon un entraxe de 40 à 60 cm (ces deux largeurs conviennent à une petite cabane). Coupez les solives 50 × 150 cm à la longueur et installez-les avec trois clous de 90 mm à chaque extrémité.

Pose du plancher. Sciez le contreplaqué de 20 mm d'épaisseur pour que les jointures tombent au milieu d'une solive courante. Fixez le plancher aux solives avec des vis spécial terrasse de 50 mm.

1. Avec un cordeau de maçon et un niveau à bulle, déterminez au moins quatre points d'ancrage pour la plateforme.
2. Arrimez l'une des extrémités de la solive de bordure – bien droite – puis fixez l'autre extrémité.
3. Collez un morceau de bois entre la solive et l'arbre.
4. Sciez les solives courantes à la longueur et rivez-les avec des vis spécial terrasse. Vissez trois clous de 90 mm – plus robustes que des vis.

Plateforme à tronc central

Un tronc haut et bien droit sert de base à cette plateforme d'environ 2,50 m de côté. Au départ : deux poutres 50 × 250 cm placées l'une sur l'autre, qui se croisent. Toutes les poutres sont rivées à l'arbre avec une seule vis d'arrimage fixe. Les deux poutres supérieures deviennent des solives de plancher une fois l'ossature terminée. Chaque angle de l'ossature est renforcé par un contreventement, transférant une grande partie du poids vers le tronc. Les contreventements sont fixés à l'ossature et au tronc avec des connecteurs métalliques. Le plancher est constitué de lattes 30 × 150 cm (un peu plus léger qu'avec des planches 50 × 150 cm). L'arbre doit mesurer au minimum 1,50 m de circonférence à la base.

Installation des poutres. Coupez les poutres inférieures à 243,8 cm, coupez les poutres supérieures à 236,3 cm. Sur le tronc, sélectionnez si possible une zone relativement plate et lisse pour y installer les poutres. Arrimez la première poutre inférieure à l'arbre avec un tirefond, en centrant la vis sur la longueur de la planche et sur le tronc. Installez la deuxième poutre inférieure de l'autre côté du tronc. Les deux poutres doivent être au même niveau. Installez les poutres supérieures au-dessus des poutres inférieures en suivant la même procédure.

Pose des solives de bordure. Coupez deux solives de rive (pour les côtés) à 243,8 cm et deux solives de bordure (pour les extrémités) à 236,3 cm. Les solives de rive sont parallèles aux poutres supérieures. Fixez les solives de bordure au bout des solives de rive avec trois clous de 90 mm. Vérifiez que l'ossature est bien carrée, puis clouez en biais les solives sur les deux ensembles de poutres.

ATTENTION !
Ne montez pas sur la plateforme avant l'installation des contreventements.

1. Prenez des mesures pour décider de l'emplacement de la plateforme et des contreventements et reportez-les sur le tronc avec de l'adhésif de couleur.

2. Percez des avant-trous pour les tirefonds dans le tronc. Comme vous ne fixerez qu'une seule vis par poutre, vous pouvez insérer la vis dans un avant-trou pratiqué dans la poutre avec des rondelles de chaque côté de la poutre, puis insérer l'extrémité de la vis dans l'avant-trou du tronc.

3. Arrimez la poutre porteuse inférieure au tronc à l'aide d'une grosse clé à douille. Elle doit être bien droite.

4. Fixez la deuxième poutre porteuse inférieure à la base de la plateforme, en vérifiant qu'elle est bien au même niveau que la première.

5. Insérez des cales dans la deuxième poutre porteuse supérieure avant d'arrimer la poutre. Elle doit être bien droite.

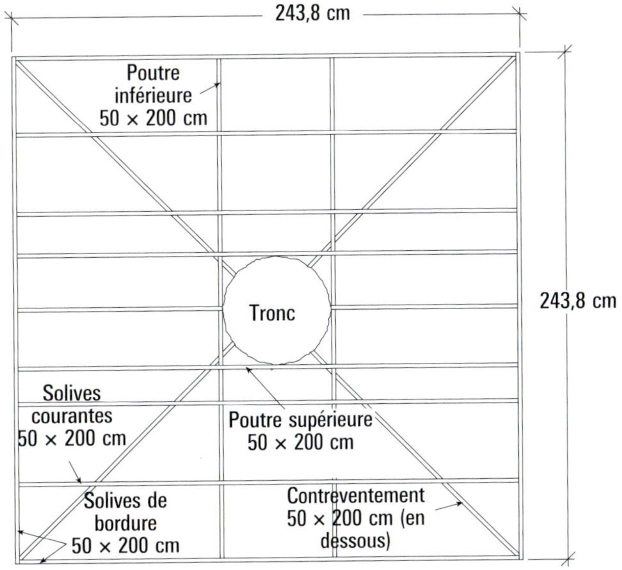

6

Contreventements. Sciez des contreventements de 50 × 200 cm à la bonne longueur pour qu'ils forment un angle à 45° depuis le coin intérieur de la solive de bordure jusqu'au tronc. Fixez les contreventements à l'ossature à l'aide de connecteurs réglables (utilisés traditionnellement pour les chevrons) et des clous de 80 mm de long. Installez d'abord les connecteurs sur l'ossature, puis rivez le contreventement au connecteur. Au bas de chaque contreventement, fixez un autre connecteur à l'arbre avec des tirefonds de 13 mm (vous devrez peut-être percer un avant-trou dans le connecteur). Arrimez le contreventement au connecteur avec des clous de 80 mm.

Ossature de plancher. Sciez deux solives courantes de 50 × 150 cm afin qu'elles s'intercalent entre les solives de rive et installez-les entre les poutres supérieures et les solives de bordure. Placez deux petites solives reliant les solives de rive et le tronc, à mi-chemin entre les poutres supérieures.

Pose du plancher. Installez les planches de 30 × 150 cm perpendiculairement aux solives courantes, de façon que le plancher soit aligné avec l'ossature. Espacez les lattes de 6 mm et fixez-les aux solives de bordure, solives courantes et poutres supérieures à l'aide de vis spécial terrasse de 65 mm de long.

6. Assurez-vous que les poutres sont bien droites les unes par rapport aux autres avant de les fixer au tronc.

7. Installez d'abord les connecteurs sur l'ossature, puis rivez le contreventement au connecteur.

8 & 9. Les connecteurs permettent de fixer solidement les contreventements.

10. Clouez en biais toutes les solives aux poutres inférieures avec des clous de 90 mm.

7

8

9

10

Plateforme entre deux troncs

Deux gros arbres distants de 1,80 m à 2,40 m accueilleront une plateforme de structure simple, soutenue par deux poutres de 50 × 250 cm fixées des deux côtés aux arbres hôtes à l'aide d'arrimages fixes. L'ossature de plancher qui se situe en porte-à-faux par rapport aux côtés des poutres demande à être soutenue à chaque angle par des contreventements de 50 × 150 cm rivés aux côtés de l'arbre. Ce modèle, pas trop haut, convient aux arbres matures (au moins 25 cm de diamètre) qui bougent peu. Ici, le plancher est constitué de lattes de 50 × 150 cm. Pour des lattes moins épaisses, prévoyez deux solives courantes en plus, afin de réduire l'espacement à un entraxe de 40 cm.

ATTENTION! Ne montez pas sur la plateforme avant l'installation des contreventements.

Installation des poutres. Sciez les deux poutres de 50 × 250 cm en les laissant dépasser des arbres de plusieurs centimètres à chaque extrémité. Fixez l'extrémité de la première avec un tirefond de 19 mm et des rondelles. Tenez-la bien droite, puis arrimez l'autre extrémité à l'autre arbre. Installez la deuxième poutre de l'autre côté des deux arbres, assurez-vous qu'elle est bien droite et que les deux poutres sont bien au même niveau.

Ossature de plancher. Assemblez l'ossature de plancher au sol, puis installez-la sur les poutres. Assurez-vous que l'ossature s'intercale bien entre les arbres avant de la terminer entièrement. Sciez les deux solives de bordure à 182,8 cm et les deux solives de rive à 236,2 cm. Sciez les trois solives courantes à 175,2 cm. Fixez les solives de bordure au bout des solives de rive avec trois clous de 90 mm – elles doivent être bien alignées. Espacez les solives courantes régulièrement entre les solives de bordure et fixez-les aux solives de rive avec des clous de 90 mm. Centrez l'ossature sur les poutres – elle doit être bien carrée. Clouez en biais les solives courantes et les solives de bordure aux poutres.

Pose des contreventements. Chaque contreventement de 50 × 150 cm est placé à 7,6 cm de l'extrémité de la solive de bordure et rejoint le centre du tronc à un angle de 45°. L'extrémité supérieure du contreventement doit être alignée avec le bas de la solive de bordure, et son extrémité inférieure doit présenter un angle de 45°. Rivez les contreventements aux solives de bordure avec une paire de plaques de raccordement en acier galvanisé et des boulons à bois. Fixez le bas de chaque contreventement à l'arbre avec un tirefond de 19 mm et des rondelles.

Le plancher. Sciez les lattes de 50 × 182,8 cm aux bonnes dimensions. Veillez à ce qu'elles soient parallèles aux solives de bordure de rive. Espacez les lattes de 6 mm et fixez-les aux solives de plancher avec des vis spécial terrasse de 75 mm, bien alignées sur la bordure de l'ossature.

1. Les poutres doivent être bien droites et au même niveau les unes par rapport aux autres.
2. Fixez les contreventements à l'ossature avec des plaques métalliques et des boulons à bois.
3. Arrimez les contreventements à l'arbre avec des tirefonds.
4. Assemblez l'ossature au sol, puis installez-la sur les poutres porteuses.

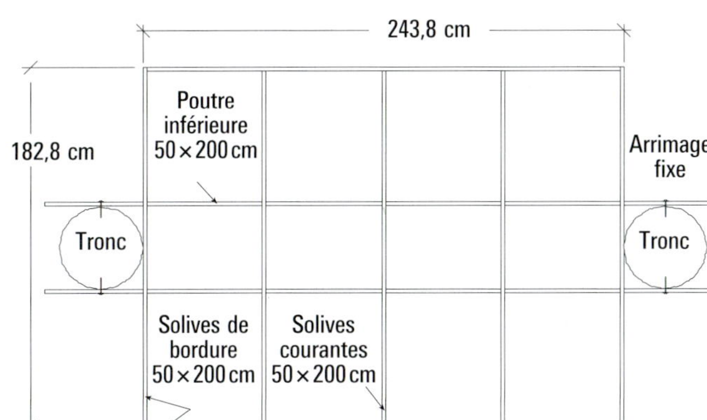

Plateforme entre trois troncs

En combinant la résistance de trois gros arbres et de fixations à support, cette plateforme accueillera une grande cabane. Elle est soutenue principalement par trois poutres de 100 × 300 cm, chacune étant arrimée à deux troncs.

L'ossature de plancher est constituée de solives de 50 × 250 cm espacées selon un entraxe de 40 cm. Elle se situe en porte-à-faux à environ 45 cm de la poutre avant, créant un bel espace de terrasse. Pour le plancher, le tiers avant de la plateforme sera couvert de planches de 30 × 150 cm, tandis que les deux tiers arrière – là où sera installée la cabane – seront habillés de contreplaqué de 20 mm d'épaisseur.

Installation des supports et des poutres. Sciez les poutres de 100 × 300 cm de façon qu'elles surplombent les supports d'au moins 30 cm à chaque extrémité. Marquez l'emplacement des supports sur les troncs. Attention : si vous installez un dispositif Garnier Limb (voir p. 52), vous aurez besoin d'un foret spécial disponible exclusivement (achat ou location) auprès d'un fournisseur GL. Avec ce foret, percez un avant-trou dans le tronc pour que le GL soit parfaitement à niveau. Vissez l'extrémité filetée du GL dans l'avant-trou avec un gros serre-tubes, jusqu'à ce que la bride soit fermement appuyée contre l'arbre.

Installez les supports et les poutres les uns après les autres. Assurez-vous que chaque poutre est droite et au même niveau que les autres. Avec un GL, installez un support flottant à chaque point d'ancrage, selon les instructions du fabricant. Installez également un écrou d'arrêt à chaque extrémité de chaque GL pour éviter que la poutre ne glisse.

Ossature de plancher. Sciez les deux solives de bordure de 50 × 305 cm afin qu'elles logent entre les deux arbres de devant (274,3 cm dans notre exemple), avec quelques centimètres de jeu à chaque bout. Sciez les deux solives de rive et six solives courantes à 297,1 cm. Sur les solives de bordure, indiquez l'emplacement des solives courantes, espacées selon un entraxe de 40 cm. Assemblez le cadre des solives de bordure au-dessus des poutres avec des clous de 90 mm. Mesurez les diagonales (le cadre doit être carré) et installez les solives courantes.

Si les solives courantes ne sont pas soutenues par une poutre de bordure à l'arrière de l'ossature de plancher, renforcez les solives avec des étriers à leur point de rencontre avec la solive de bordure située à l'arrière. Vérifiez de nouveau que le cadre est bien carré, puis clouez en biais toutes les solives aux poutres avec deux clous de 90 mm.

Plancher. Tracez une ligne à la craie pour représenter la limite extérieure du mur de la cabane. Installez les planches de 30 × 150 cm perpendiculaires aux solives courantes, en débutant par l'avant de l'ossature de plancher et en vous arrêtant à la ligne de craie. Fixez les planches avec des vis spécial terrasse de 65 mm. Installez le contreplaqué depuis les planches de bois jusqu'à l'arrière de l'ossature de plancher avec des vis spécial terrasse de 50 mm.

1. Afin de renforcer l'ensemble, ajoutez des étriers aux solives courantes à leur point de rencontre avec la solive de bordure située à l'arrière.

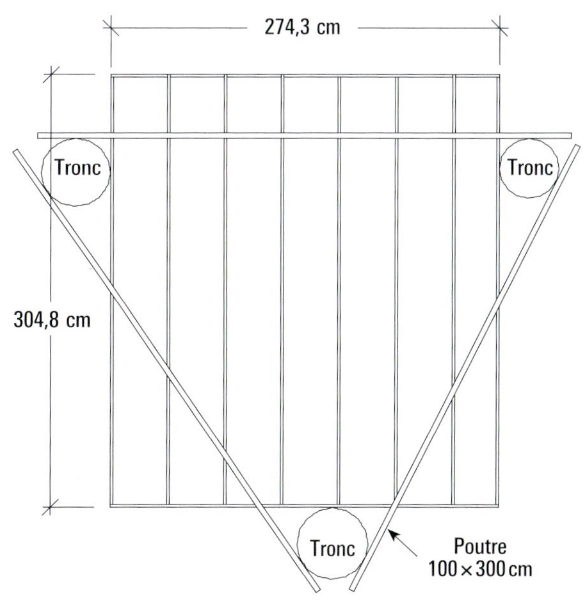

Plateforme à deux arbres et deux poteaux

Dans la nature, il est difficile de trouver quatre arbres formant un carré ou un rectangle parfait. La plateforme présentée ici ne réclame que deux arbres et respecte leur déplacement grâce à une ossature de plancher qui glisse le long d'une poutre de support. Les deux poteaux (100 × 100 cm ou 150 × 150 cm) sont enfoncés dans le sol, dans du béton, maintenus latéralement par des contreventements. Les poteaux et l'ossature de plancher de 50 × 250 cm forment une structure très rigide, tandis que la poutre de 100 × 300 cm bouge grâce à deux arrimages coulissants (voir p. 52). Utilisez des planches de 50 × 150 cm pour renforcer l'ossature. Pour une cabane de dimension moyenne, les troncs doivent présenter un diamètre minimum de 25 cm.

Les poteaux. Au sol, indiquez la position des poteaux, en laissant plusieurs centimètres de jeu entre les arbres. Creusez des trous de 35 cm de diamètre, jusqu'à 10 cm en dessous du niveau de pénétration du gel (renseignez-vous auprès des services administratifs de la mairie). Remplissez les trous de gravillons compactables de drainage sur 10 cm. Sciez les poteaux à la longueur pour que leur sommet atteigne la hauteur désirée pour la plateforme. Placez les poteaux dans les trous et maintenez-les provisoirement avec des croisillons afin qu'ils soient droits et correctement alignés. Achevez de remplir les trous avec du béton. Laissez sécher.

1. Maintenez les poteaux à l'aide de croisillons, puis coulez-les dans du béton.
2. Installez les solives courantes avec les étriers à solives recommandés par le fournisseur.
3. Arrimez les contreventements à l'extérieur des poteaux avec des tirefonds de 13 mm et des pattes métalliques.

Poutre de support. Sciez la poutre – elle doit dépasser d'au moins 30 cm les points d'ancrage sur les arbres. Calculez son alignement depuis les poteaux avec un cordeau de maçon et un niveau à bulle. Indiquez sa hauteur sur les troncs. Depuis ces marques, calculez 23,5 cm (ou la mesure correspondant à la profondeur de l'ossature) vers le sol pour déterminer la hauteur de la poutre. Installez la poutre à l'aide de supports métalliques à chaque extrémité.

Ossature de plancher. Sciez les deux solives de bordure à 305 cm. Sciez les deux solives de rive et cinq solives courantes à 297,1 cm. Installez les solives de rive et une solive de bordure dans l'alignement des poteaux avec deux tirefonds de 13 mm. Fixez l'autre solive de bordure avec des clous de 90 mm. Installez les solives courantes espacées de 40 cm, en les arrimant aux solives de bordure avec des étriers à solives.

Contreventements. Sciez les quatre contreventements à 121,9 cm et placez-les à 45° dans l'alignement des solives de bordure et des deux poteaux. Fixez-les aux solives de bordure/de rive à l'aide de plaques de raccordement métalliques et de boulons à bois. Arrimez leur extrémité inférieure à l'extérieur des poteaux avec deux tirefonds de 13 mm ou des boulons à bois.

Plancher. Mesurez les diagonales de l'ossature : le plancher doit être parfaitement carré. Installez des lattes de 50 × 150 cm perpendiculairement aux solives courantes avec des tirefonds de 65 mm, espacées de 6 mm.

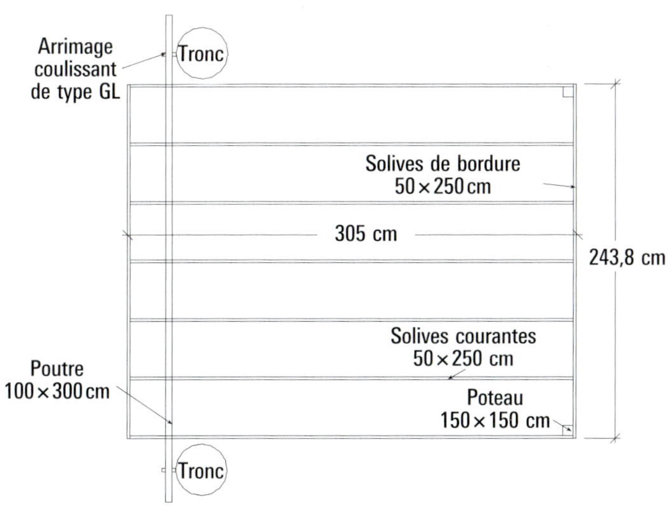

MURS, FENÊTRES ET PORTES

Une fois la plateforme assemblée, le travail de charpente n'est pas encore tout à fait terminé car il faut maintenant penser à monter les murs... Pas d'inquiétude, c'est un travail facile et amusant ! C'est donc le bon moment pour demander un coup de main à vos enfants. Lorsqu'on bâtit une maison traditionnelle, les charpentiers délimitent l'emplacement des murs au sol, les montent puis les fixent. Idem pour la cabane perchée. Vous pouvez même ajouter le bardage, les fenêtres et les portes quand la cabane est encore à terre, assembler les parois avec des vis, et hop ! Vous voici avec une maison (sans toit pour le moment). Avant de vous attaquer aux murs, planifiez méticuleusement le processus : ossature, bardage, menuiserie, fenêtres et portes – l'ordre des étapes varie selon votre projet. Si vous utilisez un bardage en contreplaqué par exemple, vous devrez l'installer avant de percer les fenêtres et la porte. L'ordre que nous suivons dans les pages suivantes n'est donc donné qu'à titre indicatif.

Ossature murale

Généralement, on utilise pour l'ossature murale d'une cabane dans les arbres des madriers de 50 × 50 cm ou de 50 × 75 cm – contre des madriers de 50 × 100 cm ou de 50 × 150 cm pour une maison traditionnelle. Pour une cabane d'un seul niveau, les montants sont espacés de 60 cm, contre 40 cm habituellement. Toutefois, certains bardages nécessitent un espacement de 40 cm. D'ordinaire, la hauteur d'un mur est de 2,50 m. Bien sûr, il n'existe pas de hauteur réglementaire pour les murs des cabanes : ciblez entre 1,80 m et 2,10 m, ce sera largement suffisant. Pensez également à la forme des murs. Le plus souvent, deux murs sur quatre épousent la forme du toit, tandis que le sommet des parois contiguës est droit. Nous verrons plus loin comment façonner des murs ni carrés ni rectangulaires.

Construire un mur : les bases. Une ossature murale est constituée d'une sablière basse (le madrier horizontal situé tout en bas) et d'une sablière haute (le madrier horizontal situé au sommet), réunies par des montants verticaux. À l'emplacement d'une fenêtre, il faut installer un appui et un linteau à l'horizontal entre deux montants, afin de créer une ouverture (les ouvertures de portes ont seulement un linteau, en haut). Sur les cabanes, ce système est également utile pour ménager des ouvertures pour laisser passer de grosses branches.

1. Assemblez l'ossature murale sur le sol, puis montez les murs un par un sur la plateforme.

2. Les murs continus chevauchent les murs d'aboutement. Ils sont fixés les uns aux autres afin de former un angle.

3. Assemblez l'ossature murale avec des vis et des clous. Au niveau des ouvertures, utilisez des montants plus courts mais respectez toujours leur espacement.

1

2

Dans une structure à quatre murs, il y a deux « murs continus » et deux « murs d'aboutement ». Les murs continus chevauchent l'extrémité des murs d'aboutement et sont donc plus longs. Pour simplifier, les deux murs continus et les deux murs d'aboutement sont disposés en alternance afin que tous aient une même longueur.

Pour assembler une ossature murale, sciez les sablières haute et basse en fonction de la largeur du mur désirée. Alignez les sablières au sol. Marquez l'emplacement des montants – de 40 à 60 cm. Prévoyez un montant supplémentaire de chaque côté des ouvertures de la porte et des fenêtres. Si vous envisagez de poser des panneaux intérieurs, ajoutez un montant à chaque extrémité des murs continus (ces montants supplémentaires sont toujours pratiques si vous devez clouer un revêtement extérieur).
Sciez les montants à une hauteur égale à celle du mur moins l'épaisseur des sablières. Fixez les montants aux sablières à l'aide de deux vis à bois en acier galvanisé de 75 mm environ (ou utilisez des vis spécial terrasse rivées dans un avant-trou). Vissez directement à travers la sablière dans l'extrémité du montant, ou vissez en biais depuis les côtés du montant jusque dans la sablière. Si vous préférez, utilisez des clous de 90 mm ou de 75 mm.
Pour l'ouverture de la fenêtre, prenez vos mesures depuis la base de la sablière basse et indiquez la hauteur de l'appui et du linteau sur les deux côtés du montant. Attention : pour une fenêtre que vous aurez fabriquée vous-même, prévoyez une ouverture de 3,7 cm plus large et 5,7 cm plus haute que les dimensions de la vitre. Ceci est valable pour un linteau de 20 mm d'épaisseur et un appui façonné dans une planche de 50 × 100 cm. Si vous utilisez un châssis recyclé (dépourvu de son dormant), prévoyez une ouverture de 4,4 cm plus large et 6,3 cm plus haute que le châssis. Sciez le linteau et l'appui aux mesures et installez-les entre les montants. L'ouverture prévue pour la fenêtre doit être parfaitement carrée. Installez des montants plus courts sous l'appui et au-dessus du linteau. Procédez de même pour une porte – mais prévoyez une ouverture 6,3 cm plus large et 3,1 cm plus haute que la porte (dans le cas d'une porte que vous fabriquez vous-même).

Ossature murale (suite)

Autres formes de murs. Si vous prévoyez un toit à pignon ou un appentis, les deux murs pignon devront épouser la forme de la pente du toit – ce qui vous facilitera la tâche quand vous commencerez à assembler la charpente du toit. Les maisons au toit à quatre versants possèdent quatre murs droits aux sablières hautes horizontales. Le sommet des murs arrondis (pour les toits coniques) est également plat, mais leur charpente est assemblée différemment.

Pour l'ossature d'un mur pignon, déterminez avant tout la pente du toit. Pour cela, il faut raisonner selon la déclivité. Par exemple, un toit qui s'élève de 15,2 cm tous les 30,4 cm présentera un angle d'environ 26,5°. Pour 30,4 cm tous les 30,4 cm, l'angle sera de 45°. Facilitez-vous la vie et ne pensez qu'en termes d'angle. N'hésitez pas à tracer à la craie le contour de vos murs sur le sol du garage, vous n'aurez plus qu'à prendre ensuite les mesures du bois dont vous aurez besoin.

Pour un mur pignon, disons que la pente du toit présente un angle de 30° : les extrémités de tous les montants, ainsi que les extrémités des sablières hautes doivent être sciées à 30°. Tracez à la craie une ligne qui représente la base du mur, puis tracez deux lignes perpendiculaires à la première pour représenter les extrémités du mur. Attention ! Le mur pignon doit être un mur continu. Mesurez les lignes perpendiculaires : vous obtenez la hauteur totale des deux murs de façade (qui n'épousent donc pas la forme du pignon).

Tracez maintenant une ligne verticale au centre de votre plan à la craie. Sciez l'une des extrémités des deux sablières hautes à 30°. Placez les extrémités désormais obliques de façon qu'elles se rejoignent sur la ligne centrale et que chaque sablière croise le sommet de vos deux lignes perpendiculaires représentant les extrémités du mur. Visualisez-vous votre mur ? Maintenant, mesurez la longueur des montants – mais n'oubliez pas de leur retrancher 3,7 cm, afin de prendre en compte l'épaisseur de la sablière haute. Sciez les sablières hautes pour que leur extrémité coïncide avec l'extrémité des murs de façade.

Pour un appentis – avec, disons, un angle de 15° – tracez les contours du mur à la craie, comme précédemment. Les murs pignon doivent aussi être des murs continus. Indiquez la hauteur des deux murs. Tracez une ligne entre ces deux marques : votre plan est terminé. Le sommet de tous les montants est scié à 15°.

4. Mur pignon avec pente de toit à 30°.
5. Mur pignon d'un appentis avec pente de toit de 15°.

6

Murs arrondis. Structurellement, un mur arrondi est identique à un mur droit : il possède une sablière haute et une sablière basse, des montants et des ouvertures de fenêtres et de portes. Toutefois, pour ménager la courbe, il faut utiliser une double couche de contreplaqué 20 mm pour chacune des sablières. De même, l'espacement des montants dépend du revêtement extérieur. Utilisez des montants de 50 × 75 cm (ou plus).

Tracez le plan des sablières courbes avec un compas à ellipse : fixez dans le sol l'extrémité d'une planche fine avec un clou-pivot ; à l'autre extrémité, faites deux trous dans lesquels passe un crayon. L'espace entre ces deux trous doit être égal à l'épaisseur des montants. La distance entre les deux trous et le clou-pivot détermine les rayons extérieur et intérieur de la courbure. Tracez les contours des sablières sur des plaques de contreplaqué de 20 mm et sciez à la scie sauteuse.

L'espacement des montants dépend du bardage : pour du contreplaqué, espacez-les de 5,1 cm tous les 30,5 cm calculés sur le rayon extérieur de la courbure – un rayon de 91,4 cm réclame un espacement de 15,2 cm. Pour d'autres types de revêtements (planches verticales de 25 × 100 cm à système de rainure et languette par exemple), espacez les montants selon un entraxe de 60 cm, puis installez deux bandes de clouage à l'horizontale entre les montants du milieu. Les bandes doivent présenter le même rayon que les sablières.

7

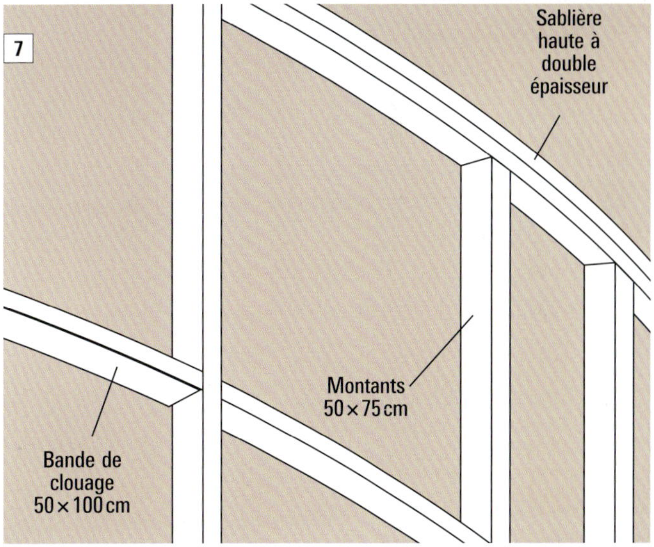

6. Le compas à ellipse permet de tracer les contours des sablières courbes.
7. Pour un bardage à la verticale, installez deux bandes de clouage entre les montants.

Bardage et menuiserie

La plupart des bardages conviennent aux cabanes. Choisissez un bardage classique, ou soyez plus audacieux en adoptant de la tôle ondulée. Mais ayez toujours le poids en tête – par exemple, évitez les panneaux de bois dur.

Attention ! Assurez-vous que votre ossature est bien droite avant de poser un bardage.

Contreplaqué. Le contreplaqué est rapide et facile à installer. Il en existe une kyrielle de modèles, en panneaux d'environ 120 x 240 cm dont l'épaisseur varie de 10 à 16 mm. Il renforce les murs, mais attention, il est assez lourd. Pour une maison « terrestre », le contreplaqué de 10 mm se pose sur des montants espacés de 40 cm. En 13 mm ou plus, il est recommandé pour les montants espacés de 60 cm environ. Pour une cabane perchée, le 10 mm convient aux deux espacements.
Le revêtement en contreplaqué se pose à la verticale. Les panneaux se rejoignent au milieu des montants. Certains modèles possèdent des rebords spéciaux qui se chevauchent pour éviter les infiltrations d'eau – suivez bien les instructions du fabricant. Si les rebords sont à angle droit, laissez un espace de 3 mm entre les panneaux, que vous comblerez au mastic après la pose. Fixez les panneaux à l'ossature avec des clous ordinaires ou spécialement conçus pour le revêtement. Plantez un clou tous les 15 cm à l'horizontale, tous les 30 cm à la verticale.
Enrobez l'extrémité des murs continus avec une petite bande du revêtement utilisé. En revanche, le bardage s'arrête au niveau de l'extrémité des murs d'aboutement.

Bardage horizontal (clin). Le bardage à clin en cèdre est léger et élégant. Il est plus long à poser que le contreplaqué, et plus cher, mais il ajoutera un cachet indéniable à votre cabane. Ce type de revêtement réclame des montants espacés de 40 cm. Il se pose plus facilement après les travaux de menuiserie. Attention ! Pour une grande cabane, ou une cabane à plusieurs niveaux, il vous faudra peut-être poser une plaque de contreplaqué sous le bardage à clin pour une robustesse accrue – demandez conseil à un professionnel.
Pour poser le bardage horizontal, coupez les planches les unes après les autres pour qu'elles s'ajustent parfaitement aux éléments de menuiserie verticaux. Débutez au bas du mur et faites se chevaucher les planches sur au moins 2,50 cm. Fixez le clin sur chaque montant avec des clous galvanisés ou des clous spécial bardage, juste au-dessus du rebord supérieur du clin de dessous. Vous devrez peut-être ajouter des montants à proximité de l'extrémité des murs afin d'y clouer l'extrémité des clins.

1

2

Bardeaux de cèdre. Esthétiques et légers, les bardeaux sont une bonne option – mais onéreuse. Les bardeaux proposés à la vente présentent le plus souvent une longueur de 40 ou 60 cm. Leur largeur varie. Ils se posent sur des planches de 25 × 50 cm ou de 25 × 75 cm clouées à l'horizontale sur les montants. Comme avec les clins, les bardeaux se chevauchent. La surface du bardeau qui reste exposée est appelée « exposition ». L'espacement des planches sur lesquelles sont cloués les bardeaux doit être égal à l'exposition.

Attention ! Pour une grande cabane, ou une cabane à plusieurs niveaux, il vous faudra peut-être poser une plaque de contreplaqué sous les bardeaux pour une robustesse accrue – demandez conseil à un professionnel.

Posez d'abord les planches ou le contreplaqué, puis procédez aux travaux de menuiserie. Les planches ou le contreplaqué se fixent à l'ossature du mur avec des vis espacées en fonction de l'exposition, laquelle est déterminée par la longueur de vos bardeaux. Pour des bardeaux de 40 cm, l'exposition sera de 15 à 18 cm ; pour des bardeaux de 60 cm, comptez 20 à 28 cm.

Commencez à poser les bardeaux depuis le bas du mur. Fixez-les avec des clous à toiture ou avec une agrafeuse pneumatique et des agrafes de 30 mm de large. Les jointures verticales des bardeaux doivent être décalées d'au moins 3 cm d'une rangée à l'autre. Veillez à ce que toutes les rangées présentent la même exposition. Fixez les bardeaux entre 2,50 et 5 cm au-dessus de la limite d'exposition de la rangée suivante.

Menuiserie extérieure. Le cèdre se prête particulièrement bien aux menuiseries extérieures d'une cabane. Une fois les jambages des fenêtres et de la porte en place, sciez des longueurs de tasseaux que vous poserez autour des ouvertures. Ces tasseaux seront sciés de biais pour former un angle là où ils se rejoignent et, si vous le souhaitez, vous ménagerez une feuillure de 6 mm. Fixez les tasseaux avec des clous en acier galvanisé.
Posez des tasseaux verticalement aux deux extrémités des murs continus ; il vous faudra sans doute scier les tasseaux à la dimension du mur.

3

1. Posez le clin après avoir terminé le travail de menuiserie.
2. Les clins doivent se chevaucher sur 2,50 cm ou plus ; clouez juste au-dessus du clin inférieur.
3. Les bardeaux sont accolés les uns aux autres, mais les jointures verticales doivent être décalées d'au moins 3 cm d'une rangée à l'autre.

Monter les murs

Sur un chantier de cabane dans les arbres, le jour où il faut « monter » les murs (dans tous les sens du terme !) n'est pas une mince affaire. Mieux vaut avoir sous la main quelques voisins costauds ou un palan à moufles ! Commencez par tracer à la craie sur la plateforme le contour intérieur des sablières basses des murs. Si votre plan est exact, vos murs seront bien droits quand vous les assemblerez.

Pour une petite cabane aux murs légers, hissez deux murs contigus sur la plateforme, placez-les sur leur trait de craie puis assemblez-les en vissant les montants des extrémités avec des vis spécial terrasse de 75 mm. Installez ensuite les deux autres murs un par un, puis arrimez tous les murs à l'ossature de la plateforme avec des vis de 90 mm. Ajoutez quelques vis supplémentaire au niveau des solives.

Pour des cabanes plus grandes, aux murs plus lourds, posez un mur à plat sur la plateforme, puis levez-le et positionnez-le sur le trait de craie. Arrimez sa sablière basse à la plateforme avec des vis de 90 mm ou des clous de 90 mm. Ajoutez à titre temporaire quelques entretoises de 50 × 100 cm pour que le mur reste bien droit. Hissez le mur contigu et fixez la sablière basse, puis assemblez les deux murs par les montants situés à leur extrémité. Répétez le processus pour les deux autres murs.

Quand tous les murs sont fixés, sciez la sablière basse au niveau de l'ouverture de la porte avec une scie à main.

1

2

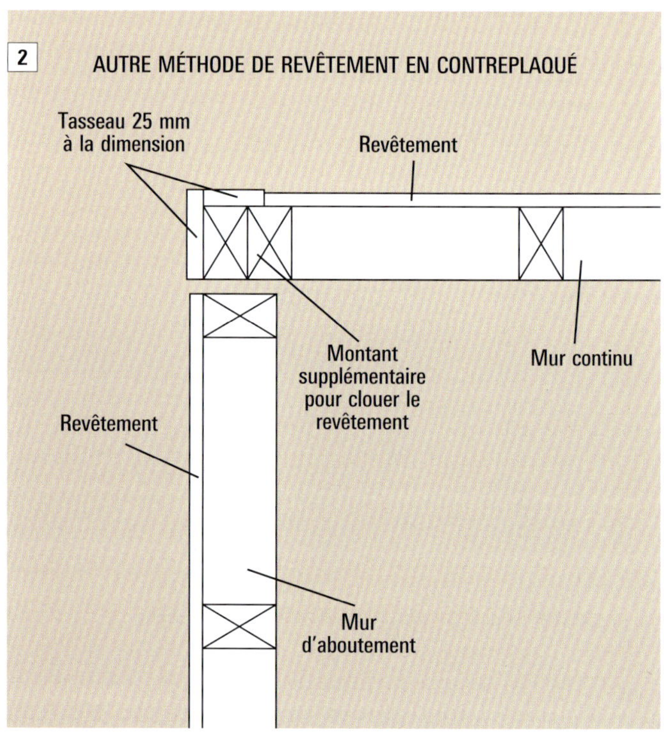

1. Assemblez les murs en vissant ensemble les montants situés aux extrémités.
2. Posez un tasseau qui recouvre l'extrémité du mur continu (inutile pour le mur d'aboutement).

Les fenêtres et les portes

Fabriquer votre porte et vos fenêtres est à la fois gratifiant… et incroyablement simple. Il est également très facile de construire un dormant pour les portes et les fenêtres recyclées (encore une fois, les cabanes ne sont pas adaptées aux portes et fenêtres achetées dans le commerce!). Les moyens d'accès moins conventionnels destinés aux pirates et autres aventuriers sont expliqués p. 93.

Construire une fenêtre. Commencez par un cadre carré tout simple. Sciez un appui dans une planche de 50 × 100 cm, dont la longueur équivaut à la largeur de l'ouverture de la fenêtre, plus deux fois la largeur du tasseau extérieur. Créez une pente à 15° à l'avant de l'appui. La partie restant plate doit être égale à l'épaisseur de l'ossature du mur. L'angle doit courir sur toute la longueur de l'appui (si vous y tenez, façonnez une bande à larmier de 3 mm de profondeur sous l'appui à l'aide d'une scie). L'appui doit être parfaitement ajusté. Fixez-le sous l'ouverture de la fenêtre avec des clous à tête d'homme en acier galvanisé. **Autre option : utilisez un tasseau de 50 × 150 cm pour créer un rebord intérieur plus long.**

Pour les jambages, utilisez une planche de 25 mm, adaptée à l'épaisseur du mur. Si vos montants sont de 50 × 50 cm, utilisez des morceaux de 25 × 50 cm pour les jambages. Sciez la traverse haute à la largeur de l'ouverture et fixez-la avec des clous à tête d'homme. Sciez et posez les jambages entre l'appui et la traverse haute. Recouvrez l'intérieur du dormant avec une moulure en quarts-de-rond de 13 mm qui fera office de butée pour le vitrage. Taillez la moulure aux angles et clouez-la de façon que son rebord extérieur soit accolé à l'extérieur du dormant. Découpez une vitre en polycarbonate de 6 mm d'épaisseur à la mesure de l'ouverture. Fixez-la à la moulure avec du mastic en silicone transparente. Rajoutez un cadre intérieur en quarts-de-rond, bien fixé au vitrage avec du mastic et cloué aux jambages et à l'appui. Si vous le souhaitez, ajoutez des petits-bois (tasseaux de 13 mm). Assemblez-les au centre de la fenêtre avec un joint à mi-bois (avec deux encoches opposées de même dimension) – découpez l'extrémité pour qu'elle s'accole aux quarts-de-rond.

Châssis de fenêtre recyclé. Suivez la même procédure, mais arrêtez-vous après la fixation de l'appui et des montants. Fixez le châssis au jambage avec des charnières. Ensuite, ajoutez un cadre extérieur de quarts-de-rond. Si vous le souhaitez, installez un simple crochet et un œillet comme système de fermeture.

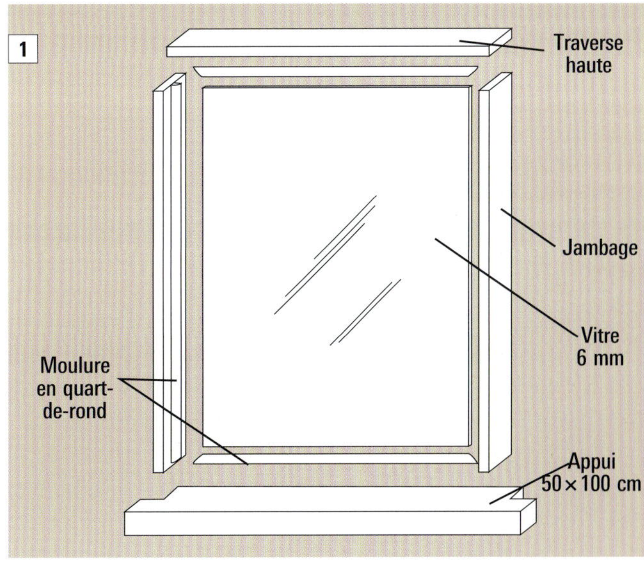

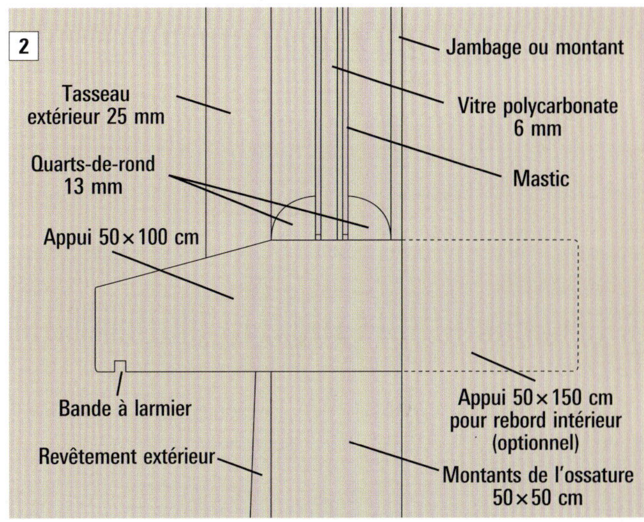

1. Tous les éléments nécessaires à la fabrication d'une fenêtre.

2. Fenêtre : coupe transversale de l'appui.

3. Les tasseaux permettent de couvrir les rebords des jambages de fenêtres et de portes. Ménagez une feuillure en laissant à nu quelques millimètres de jambage.

Les fenêtres et les portes (suite)

Construire une porte. Comme pour une fenêtre, commencez par un cadre simple avec une planche de la même épaisseur que l'ossature du mur, plus 19 mm. Sciez une traverse haute dont la longueur équivaut à la largeur de l'ouverture de la porte. Fixez la traverse au linteau avec des clous à tête d'homme : son bord extérieur doit être accolé à l'extérieur de l'ouverture. Sciez et posez les jambages, bien ajustés entre la traverse et le plancher. La porte doit s'ajuster au nouveau dormant, avec un jeu d'environ 3 mm autour du périmètre – quand vous déterminez les dimensions de la porte, pensez toujours aux charnières.

4. Porte pleine en planches de pin de 25 × 150 cm au charme rustique. Une seule écharpe renforce la porte, mais le système en Z évite les déformations.
5. Les deux parties d'une porte d'écurie s'ouvrent indépendamment l'une de l'autre (ou non, si vous les solidarisez).
6. Pour une porte de votre fabrication, vous devrez construire jambages et butées selon le plan ci-dessous.

Des planches de 25 × 150 cm avec système de rainure et languette font des portes formidables : il suffit de scier les planches à la longueur désirée (laquelle correspond à la largeur de la porte) et de les assembler. Découpez des écharpes en Z (25 × 150 cm) : les deux pièces de bois horizontales seront fixées au niveau des charnières. Pour une robustesse accrue, l'extrémité basse de la pièce oblique jouxtera la charnière du bas. Assemblez la porte en vissant dans les écharpes et les planches à rainure et languette. Pour installer la porte, ajoutez un tasseau à l'intérieur, accolé aux bords intérieurs des jambages. Fixez la porte aux jambages avec des charnières. Vérifiez qu'elle s'ouvre et se referme bien. Attention ! La porte ci-dessous s'ouvre vers l'intérieur de la cabane. La porte fermée, installez des butées (récupérez des chutes de tasseaux) sur les côtés et au sommet. Ajoutez un loquet et des poignées.
Avec la même technique, vous pouvez fabriquer une porte d'écurie en deux parties : construisez deux petites portes, ménagez un léger espace entre les deux et ajoutez un rebord de 25 × 100 cm en haut de la porte basse. Prévoyez deux jeux de charnières.

4

5

6
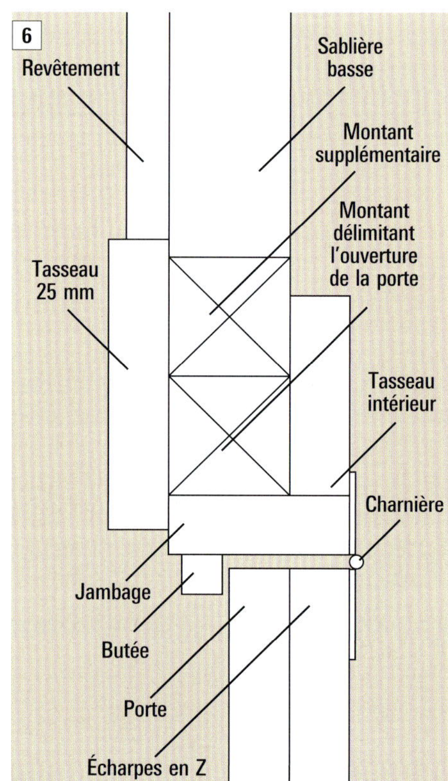

Construire une balustrade

Une balustrade est un élément de sécurité indispensable. Elle ne laisse la place à aucun élan de créativité : sa robustesse doit être votre unique objectif, pour assurer la sécurité de tous les hôtes de la cabane, petits et grands. Pour faire court : pas de cordes, de câbles, ni de branches.

La balustrade d'une cabane perchée doit prendre en compte tous ces éléments de base :

- La balustrade s'élève à 1 m au moins de la plateforme.
- La distance entre les balustres (montants verticaux) n'excède pas 10 cm.
- Les balustres horizontaux ne sont pas adaptés aux enfants (ils les utiliseraient comme marchepied).
- La distance entre les poteaux (100 × 100 cm ou plus) n'excède pas 1,80 m. Ils sont fixés à l'ossature et non au plancher.
- Les entretoises supérieure et inférieure sont fixées à l'arrière des poteaux.
- Les balustres sont vissés ; si vous utilisez des clous, ils sont arrimés à l'arrière des entretoises.
- Toute interruption de continuité de la balustrade doit être bloquée par une barrière de sécurité.

Pour construire une balustrade simple, sciez des poteaux de 100 × 100 cm : ils doivent partir du bas de la solive de plancher et s'élever à 1 m au-dessus du plancher. Fixez-les sur la tranche des solives à l'aide de deux boulons à bois de 13 mm avec rondelles. Installez les poteaux depuis l'extrémité de la balustrade et tous les 1,80 m, ainsi que de part et d'autre de l'accès ou de l'escalier.

Sciez une entretoise (50 × 100 cm ou 50 × 150 cm) que vous fixez à l'horizontale au sommet des poteaux situés aux extrémités. Arrimez les entretoises à l'arrière des poteaux avec deux vis spécial terrasse de 75 mm. L'entretoise ne s'interrompt pas au niveau de l'accès, où elle forme la barrière de sécurité. Marquez l'emplacement des balustres à l'avant des entretoises, en respectant une distance maximale de 10 cm entre chaque balustre. Sciez les balustres de 50 × 50 cm pour qu'ils relient l'entretoise supérieure et l'ossature du plancher (le balustre doit chevaucher la solive sur au moins 10 cm). Fixez les balustres aux entretoises et aux solives avec deux vis spécial terrasse de 65 mm rivées à chaque extrémité.

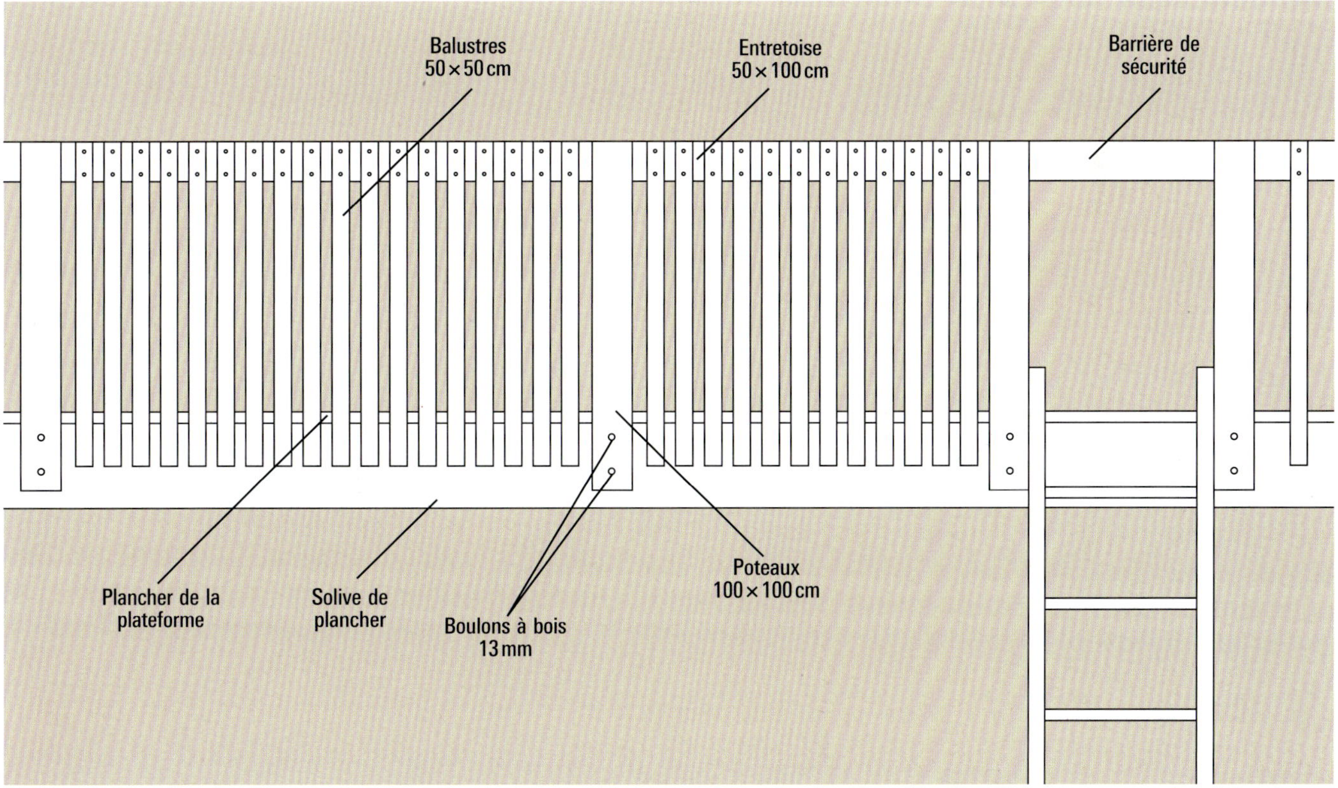

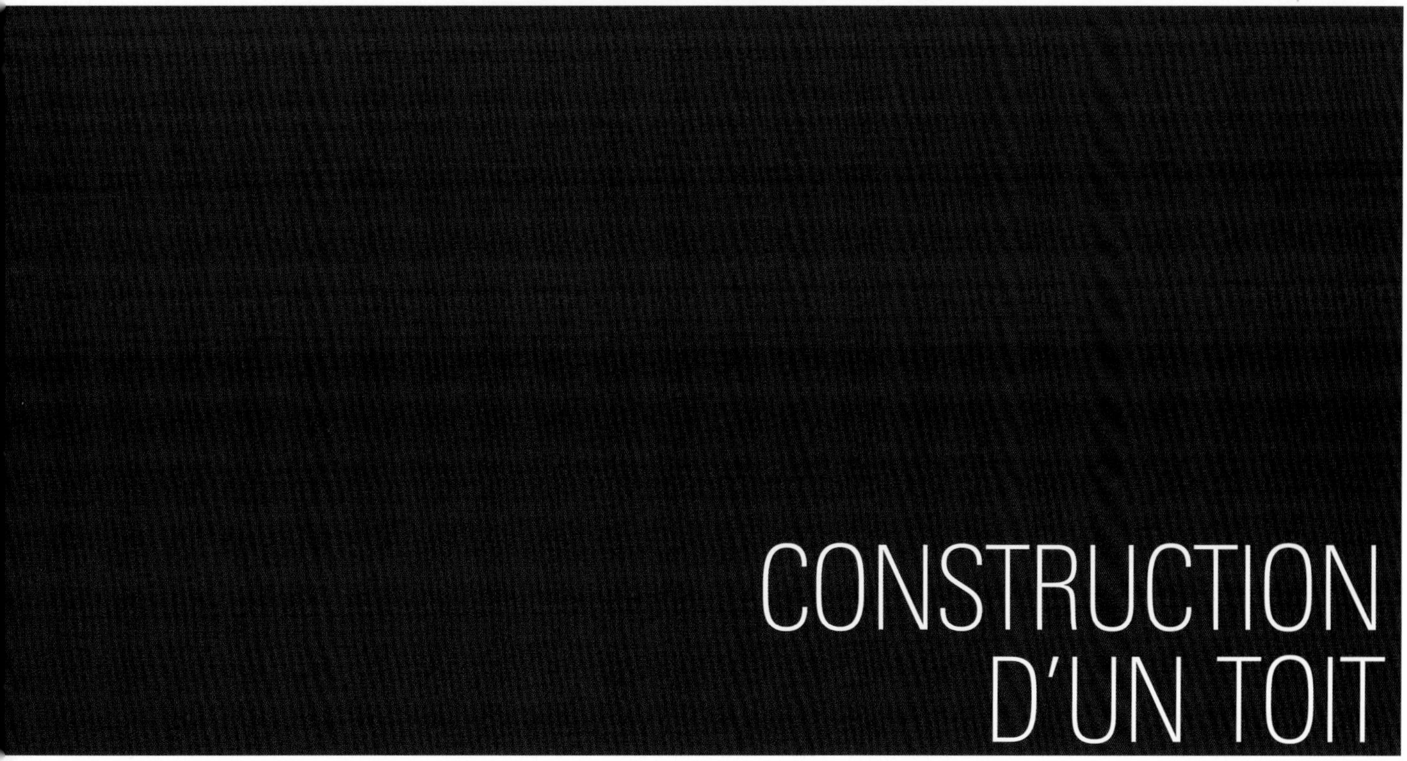

CONSTRUCTION D'UN TOIT

Voilà. Vous y êtes presque. Vos mains sont désormais un peu calleuses, mais vous êtes en passe de devenir un bâtisseur de cabanes qualifié. Et c'est tant mieux car la construction d'un toit réclame du savoir-faire. Et de la patience. Vous avez monté correctement vos murs et tout est bien droit et à niveau. Établissez maintenant le plan de la toiture sur du papier et faites tous les calculs nécessaires pour les angles et les coupes. Mais comme vous construisez dans un arbre... il vous faudra plutôt improviser çà et là... La plupart des toitures de cabanes perchées sont de toute façon taillées sur mesure. Une fois la charpente réalisée, vous poserez un revêtement et procéderez à la couverture. Si aucun tronc ou branche ne passe par le toit, votre cabane a toutes les chances de rester étanche – mais évitez quand même d'y stocker des biens précieux...

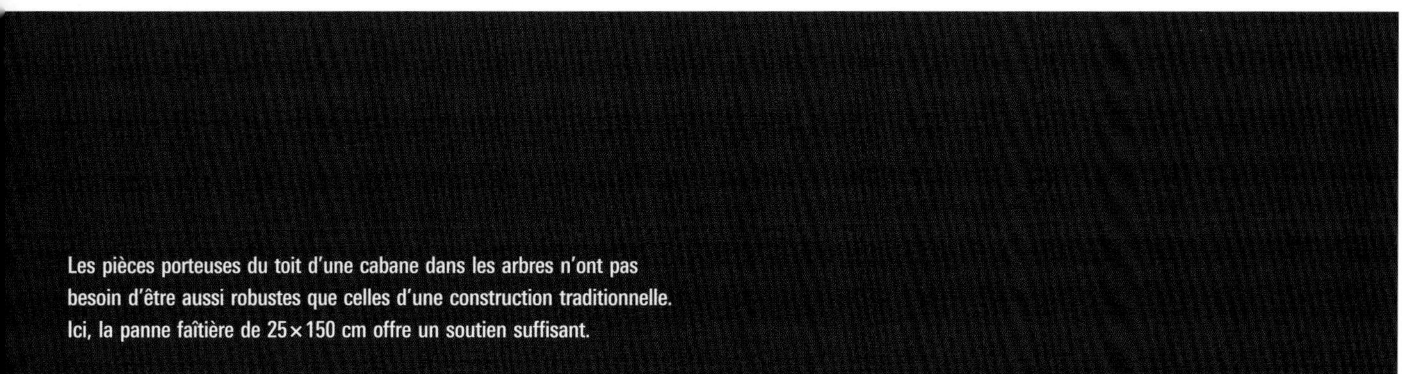

Les pièces porteuses du toit d'une cabane dans les arbres n'ont pas besoin d'être aussi robustes que celles d'une construction traditionnelle. Ici, la panne faîtière de 25 × 150 cm offre un soutien suffisant.

La charpente

L'élément principal d'une toiture, c'est le chevron – la pièce de bois sur laquelle repose la couverture. Sur un toit à pignon, les chevrons reposent au sommet du mur de façade et rejoignent la panne faîtière, située tout en haut de la toiture. Un toit à quatre versants possède également une ligne de faîte, les chevrons atteignant également la panne faîtière ou, plus fréquemment sur une cabane, le tronc de l'arbre. Un appentis est dépourvu de ligne de faîte, il couvre simplement l'espace d'un mur à l'autre.

La robustesse d'un toit est déterminée par la dimension et l'espacement des chevrons. Les cabanes perchées étant généralement des petites constructions, leur toit est le plus souvent constitué de chevrons de 50 × 75 cm ou de 50 × 100 cm espacés selon un entraxe de 40 ou 60 cm. Une cabane pour jeunes enfants se contentera de chevrons de 50 × 50 cm, tandis qu'un véritable palace dans les airs, avec une portée de chevrons de plus de 2 m, réclamera une charpente de 50 × 150 cm. Si votre climat s'y prête, prenez également en considération les chutes de neige (demandez conseil à un spécialiste).

Scier des chevrons. La difficulté de la charpente, c'est de tailler correctement les chevrons lorsqu'ils se juxtaposent aux murs et au faîte. Pour le faîte, rien de compliqué en théorie : l'angle est égal à la pente du toit. Si le mur pignon est conçu pour un toit à pente de 30°, l'extrémité supérieure des chevrons devra être taillée à 30°. Dans la pratique, il faudra peut-être quelques ajustements, mais restons dans la théorie pour le moment.

À l'extrémité du chevron du côté du mur, il faut pratiquer une coupe particulière appelée « bec d'oiseau » qui permet au chevron d'être parfaitement au contact de la sablière haute. La coupe se pratique en deux temps : la coupe verticale forme un angle avec la base du chevron égal à 90° moins la pente du toit (pour notre exemple : 90° - 30° = 60°). La coupe horizontale est à niveau lorsque le chevron est posé, et vient s'accoler à la base du chevron à un angle égal à celui de la pente du toit. N'essayez pas de mémoriser toute cette géométrie, mais vous savez désormais à quoi correspondent ces coupes.

Pour chaque type de toit, faites des essais de coupe de chevrons. Quand le chevron est bien ajusté à la structure de la cabane, utilisez-le comme gabarit pour scier les autres chevrons. Si les chevrons doivent s'adapter à une surface inégale (une branche par exemple), coupez-les un par un.

Pour une coupe en bec d'oiseau, marquez l'emplacement des coupes verticale et horizontale à l'aide d'une équerre à chevron (voir encadré p. 87). Coupez d'un côté à la scie circulaire, puis retournez le chevron pour terminer les coupes, ou utilisez une scie à main. Ne sciez pas plus que nécessaire, les petits chevrons perdraient alors de leur robustesse.

Charpente d'appentis. Félicitations, vous avez choisi la toiture la plus simple qui soit ! Vous vous en réjouirez d'autant lorsqu'il faudra installer la couverture. Indiquez l'emplacement des chevrons sur les sablières, en partant de l'une des extrémités du mur. Les sablières hautes des murs pignon comptent comme un chevron (prévoyez des chevrons spéciaux, une fois que les autres seront posés).

Préparez un chevron-gabarit dépassant des murs de façade pour former une avancée de toiture (ou queue-de-vache) bien proportionnée. Posez le chevron sur les marques au sommet des deux murs de façade. Indiquez où les deux côtés de chaque mur rejoignent les chevrons (d'un côté, le chevron n'est pas en contact avec la sablière, trouvez le repère à l'aide d'une règle). Ces marques matérialisent les extrémités extérieures de la coupe en bec d'oiseau.

Tracez l'emplacement des coupes en bec d'oiseau avec une équerre à chevron. Sciez puis vérifiez que le chevron est à la dimension. Ajustez si nécessaire. Quand vous êtes au point, utilisez ce chevron pour déterminer l'emplacement des autres chevrons. Sciez les autres chevrons et fixez-les aux sablières avec des clous de 90 mm. Clouez les chevrons en biais avec deux clous d'un côté, un clou de l'autre.

Les deux chevrons extérieurs se fixent directement sur les sablières du mur de façade. Dépourvus de coupe en bec d'oiseau, ils seront parfaitement sciés pour s'ajuster aux autres chevrons. Utilisez un niveau ou une règle pour vérifier que tout est droit et mesurez à partir de la sablière haute pour déterminer la profondeur des chevrons extérieurs. Sciez les chevrons extérieurs à la dimension et fixez-les aux sablières avec des clous de 90 mm.

1. Les angles d'une coupe en bec d'oiseau pour une pente de toit à 30°.
2. Réalisez la coupe en bec d'oiseau à la scie circulaire, en sciant d'un côté puis de l'autre (ou terminez à la scie à main) pour éviter de scier plus que nécessaire.
3. Faites des essais avec un chevron en utilisant une chute de bois pour faire office de panne faîtière.
4. Fixez chaque chevron avec trois clous rivés de biais dans les sablières hautes.

1
Coupe horizontale
Coupe verticale

2

3

4

5

6

La charpente (suite)

Charpente de toit à pignon. La première étape consiste à préparer la panne faîtière dans laquelle vous clouerez les extrémités des chevrons pour une stabilité accrue. Une planche de 25 × 150 cm fera une bonne panne faîtière pour des chevrons de 50 × 75 cm ou 50 × 100 cm. Sciez-la à la dimension : elle doit relier l'intérieur des deux murs pignon.

Indiquez l'emplacement des chevrons des deux côtés de la panne faîtière en partant de l'une des extrémités. Les sablières hautes des murs pignon comptent comme un chevron (prévoyez des chevrons spéciaux, une fois que les autres seront posés).

À ce stade, vous aurez besoin d'aide pour maintenir la panne faîtière jusqu'à ce que plusieurs chevrons soient fixés. Préparez deux chevrons gabarit dépassant des murs de façade pour former une avancée de toiture bien proportionnée. Avec une chute de la panne faîtière, positionnez les chevrons sur le mur de façade – la chute placée entre leur extrémité supérieure. Indiquez où les deux côtés de chaque mur rejoignent les chevrons (sur l'intérieur du mur, le chevron n'est pas en contact avec la sablière, trouvez le repère à l'aide d'une règle). Ces marques matérialisent les extrémités extérieures de la coupe en bec d'oiseau.

Tracez l'emplacement des coupes en bec d'oiseau avec une équerre à chevron. Sciez puis vérifiez que le chevron est à la dimension. Ajustez si nécessaire. Quand vous êtes au point, utilisez ce chevron pour définir l'emplacement des autres chevrons.

En partant de l'une des extrémités de la cabane, installez deux chevrons de part et d'autre de la panne faîtière : le sommet des chevrons doit rejoindre exactement le sommet de la panne faîtière (fixez temporairement l'autre extrémité de la panne faîtière pour vous faciliter la tâche). Clouez en biais les chevrons dans les sablières hautes avec deux clous de 90 mm d'un côté du chevron et un clou de l'autre côté. À leur extrémité supérieure, clouez les chevrons en biais dans la panne faîtière avec trois clous de 75 mm.

Les quatre chevrons extérieurs spéciaux s'installent au sommet des sablières du mur pignon. Dépourvus de découpe en bec d'oiseau, ils doivent être parfaitement sciés pour que leur extrémité supérieure s'ajuste à l'extrémité supérieure des autres chevrons. Utilisez un niveau ou une règle pour vérifier que tout est droit et mesurez à partir des sablières hautes des murs pignon pour déterminer la profondeur des chevrons extérieurs. Les chevrons extérieurs se rencontrent au faîte, mais sans la panne faîtière au milieu. Sciez les chevrons extérieurs à la dimension et fixez-les aux sablières hautes avec des clous de 90 mm.

Un triangle… pour un carré

Une équerre à chevron est bien pratique pour définir les découpes d'angles. Positionnez l'angle droit de l'équerre contre le bord de la planche. Faites pivoter l'équerre depuis le « point de pivot » de façon que le bord de la planche s'aligne avec l'indication de degré souhaité, ou la pente du toit souhaitée, indiquée sur la graduation supérieure. Tracez un trait le long de l'angle droit.

5. Vérifiez que les chevrons intérieurs sont à niveau. Prenez la mesure de l'épaisseur des chevrons extérieurs.

6. Installez les chevrons extérieurs sur les sablières du mur pignon. Les extrémités des chevrons se rejoignent à la cime du toit.

La charpente (suite)

Charpente de toit à quatre versants. Un toit à quatre versants coiffe à merveille une cabane carrée installée autour d'un tronc central. Déterminez d'abord sa pente en choisissant un angle qui vous semble correct – disons, 40°. Sciez l'extrémité d'un chevron gabarit à 40°. Avec une scie à main ou une scie circulaire, biseautez le rebord de l'un des angles extérieurs du mur à 40° : la surface plane ainsi créée accueillera le chevron. Placez le chevron sur le mur et l'arbre. Si tout vous paraît bien, indiquez le point où le sommet du chevron rejoint le tronc. Avec un niveau, rapportez cette indication tout autour du tronc.

Avec le chevron gabarit, indiquez l'emplacement des trois autres chevrons d'angle. Biseautez les coins des trois autres murs. Posez les quatre chevrons d'angle afin que leur extrémité supérieure coïncide avec les indications reportées sur l'arbre – l'extrémité inférieure repose sur le mur. Fixez les chevrons à l'arbre avec des vis à bois de 90 mm ; fixez-les aux murs avec des vis ou des clous de 90 mm. Plantez deux clous en biais (ou des vis) d'un côté du chevron ; un clou de l'autre côté.

Pour scier les chevrons intérieurs, installez deux cordeaux de maçon : l'un au sommet des chevrons d'angle, au-dessus de leur point d'appui avec les murs ; l'autre à la base des chevrons d'angle. Le cordeau sert de point de référence pour débiter les chevrons intérieurs. Indiquez leur emplacement sur les sablières hautes, en centrant un chevron entre chaque paire de chevrons d'angle. Vous aurez sans doute besoin de deux chevrons courts (ou plus) – des empannons – reliant les chevrons d'angle aux murs.

Les chevrons intérieurs et les empannons qui reposent sur le sommet du mur exigent une découpe en bec d'oiseau. Débitez-les un par un, et vérifiez vos mesures avec les cordeaux. Commencez par les chevrons intérieurs : sciez-les dans la longueur, puis aux extrémités pour qu'ils s'ajustent plus ou moins à l'arbre ; enfin, sciez la découpe en bec d'oiseau. Biseautez ensuite l'extrémité supérieure des empannons afin qu'ils s'ajustent au flanc des chevrons d'angle. La découpe est délicate, mais elle ne réclame pas d'être parfaite, veillez simplement à ce que la jonction se fasse. Quand tous les chevrons sont biseautés, sciez leur extrémité inférieure à la longueur pour qu'ils atteignent le cordeau de maçon. Fixez-les comme vous avez fixé les chevrons d'angle.

7. Un angle de sablière coupé permet au chevron d'angle d'être bien calé. Les cordeaux de maçon tendus entre les chevrons d'angle assurent que les autres chevrons seront à niveau.

8. L'extrémité supérieure de l'empannon se fixe sur le côté du chevron d'angle.

7

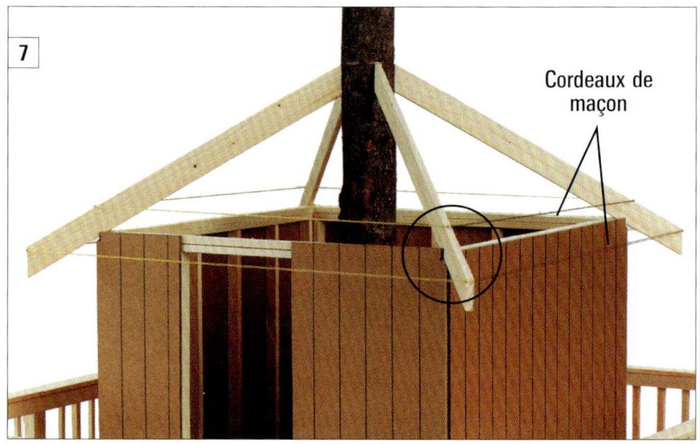

8

Revêtement et couverture

Si vous avez déjà construit un abri de jardin ou une niche, vous savez que la couverture d'une petite structure est un exercice gratifiant : vous apprenez la technique sans vous casser le dos. Ceci est également vrai pour une cabane dans les arbres.

Choisissez d'abord le matériau de couverture, dont dépendra le choix du revêtement. Pour une petite cabane, simplifiez-vous la vie avec du contreplaqué pour le revêtement *et* la couverture. Pour un toit à pignon ou un appentis, envisagez des boiseries au-dessous du revêtement le long des murs continus, pour masquer les chevrons extérieurs.

Bardeaux d'asphalte. Les bardeaux d'asphalte sont peu onéreux, durables et faciles à installer. Ils se posent sur un revêtement de contreplaqué et un écran de sous-toiture. Toutefois, attention, ils pèsent lourd.

1. Le contreplaqué est le revêtement le moins cher et le plus rapide à poser. Choisissez-le adapté à cet usage. Le contreplaqué se prête particulièrement aux bardeaux d'asphalte.

1

Revêtement et couverture (suite)

Pour installer des bardeaux d'asphalte, posez d'abord un contreplaqué de 13 mm destiné à un usage extérieur. Travaillez depuis l'extrémité des chevrons, fixez le revêtement aux chevrons avec des clous de 65 mm tous les 15 cm sur les bordures et tous les 30 cm ailleurs. Laissez une longueur sur les côtés des chevrons extérieurs si vous souhaitez poser de la menuiserie à cet endroit. Sciez le contreplaqué pour que les jointures verticales des plaques tombent au milieu d'un chevron. Décalez les jointures verticales d'une rangée à l'autre. Ajoutez l'écran de sous-toiture en laissant 10 mm dépasser de l'avant-toit. Pour un toit à quatre versants, laissez au moins 15 cm au niveau des chevrons d'angle. Agrafez l'écran au revêtement. Posez les rangées restantes en chevauchant la rangée inférieure sur 5 cm au moins et en décalant les jointures verticales d'au moins 10 cm. Sur un toit à pignon, dépassez le faîte d'au moins 15 cm, puis posez l'écran de sous-toiture de l'autre côté, en travaillant à partir de l'avant-toit. Posez les bardeaux par rangées : tracez une ligne de 30 cm à la craie depuis l'avant-toit (pour des bardeaux standard de 30,4 cm de large). Coupez la moitié (15,2 cm) côté languette et posez le bardeau à l'envers pour que le côté languette soit aligné sur le trait de craie. Laissez dépasser le côté rainure de 9,5 mm (pour les toits à pignon et les appentis). Fixez le bardeau avec quatre clous à toiture de 25 mm, à environ 9 cm de la bordure inférieure. Procédez de même pour le reste de la rangée, cette fois sans couper les bardeaux.

Attention : pour les toits à quatre versants, couvrez une partie du toit à la fois et coupez les bardeaux au fur et à mesure le long du faîte avant d'attaquer la partie suivante.

Installez la rangée suivante au-dessus de la première rangée, cette fois côté languette vers le bas. Commencez avec un bardeau complet pour établir le chevauchement de 15 cm entre chaque rangée. Utilisez quatre clous par bardeau : un clou de 16 mm au-dessus de chaque languette et un clou de 25 mm à chaque extrémité. Pour chaque rangée, tracez une ligne à la craie de 43 cm depuis le bas de la rangée précédente ; vous garderez ainsi les bardeaux droits et respecterez l'exposition de 12 cm. Laissez dépasser le premier bardeau de chaque rangée d'une demi-languette jusqu'à obtenir un dépassement d'une languette et demie, puis recommencez avec un bardeau complet.

Pour le faîte d'un toit à pignon ou à quatre versants, découpez des morceaux de faîtage dans des bardeaux complets (voir photo page de droite) – un morceau pour 13 cm de faîte. Centrez le faîtage sur la ligne de faîte et fixez avec deux clous.

2

3

4

2. Commencez à installer des bardeaux d'asphalte à trois languettes à partir de l'avant-toit, en remontant vers le faîte. Si vous n'avez jamais posé de bardeaux sur un toit, demandez de l'aide ou prenez conseil auprès de spécialistes.

3 & 4. Lorsque les versants du toit sont recouverts, découpez trois bardeaux de faîtage, légèrement biseautés. Clouez les bardeaux à cheval sur la ligne de faîte, de façon que les clous soient masqués par le bardeau suivant.

Quand un toit rencontre un arbre…

Dans une maison traditionnelle, si le toit présente des infiltrations, c'est presque toujours à cause d'un élément étranger : système de ventilation, puits de lumière, lucarne… ou autre. Un tronc par exemple ? Si un tronc ou une branche passent par le toit de votre cabane, l'étanchéité ne sera pas une mince affaire. Mais le défi se relève. La meilleure solution consiste à envelopper l'arbre de morceaux de caoutchouc néoprène (le matériau des combinaisons de plongée). Fixez le néoprène à l'arbre avec un mastic spécial toiture ou gouttière (ayez-en toujours sous la main pour des petites retouches !). L'enduit à toiture transparent est utile pour combler de petits orifices – et l'enduit reste souple, donc pas de fissures à craindre.

5

6

7

8

Bardeaux de cèdre. Poser des bardeaux de cèdre sur un toit ne présente pas plus de complication que de les poser sur un mur (voir p. 77). Attention ! Évitez les bardeaux de cèdre sur un toit présentant une pente de moins de 14°.

Posez un support de couverture non jointif de 25 × 100 cm : l'espacement des planches doit être égal à l'exposition du bardeau – suivez les instructions du fabricant en termes d'exposition et de déclivité du toit. Installez la première rangée de bardeaux le long de l'avant-toit : elle doit dépasser de 2,50 à 3,50 cm le long de l'avant-toit, de 2,50 cm sur le côté. Laissez un espace de 6 mm entre les bardeaux contigus (le bois se dilate) ; décalez ces espaces de 3,50 cm à chaque rangée. Pour couvrir le faîte d'un toit à pignon, posez des couches d'écran de sous-toiture (papier bitumé) sous les deux dernières rangées de bardeaux. Couvrez le faîte avec des planches biseautées ou un faîtage préfabriqué. Couvrez le faîte d'un toit à quatre versants avec un faîtage préfabriqué.

Couverture métallique. Très appréciée pour les bâtiments de ferme ou les cabanons, la tôle ondulée est un choix évident pour la toiture d'une cabane dans les arbres. Elle est vendue généralement en panneaux de 60 cm de large et de longueurs variées. Commandez des panneaux suffisamment longs pour ne pas vous compliquer la vie avec des jointures horizontales. Suivez scrupuleusement les consignes de pose du fabricant. En général, voilà comment les choses se déroulent : commencez par installer une ou deux pannes perpendiculaires aux chevrons. Fixez les panneaux aux pannes avec des vis ou des clous dotés de rondelles en caoutchouc. Faites se chevaucher les panneaux contigus en emboîtant leur nervure, puis fixez-les sur les deux épaisseurs. Recouvrez la ligne de faîte avec un faîtage préfabriqué fixé avec une bande scellante et du mastic.

5. Les bardeaux de cèdre font beaucoup d'effet sur un toit. Leur pose est similaire à celle des bardeaux muraux. Lisez bien les instructions du fabricant avant de vous lancer.

6 & 7. Le faîte d'un toit en bardeaux de bois présentera forcément un espace qu'il faudra combler. Biseautez plutôt deux planches de façon qu'elles s'ajustent parfaitement.

8. La tôle ondulée ou les panneaux de fibre de verre sont légers et faciles à installer. Ils sont donc bien adaptés à une cabane perchée. Ils se posent le plus souvent sur des bandes de support en mousse ou en plastique de même nature (tôle ou fibre). Les bandes de support sont fixées à des planches (les « pannes ») installées entre les chevrons du toit.

ÉCHELLE, TRAPPES ET AUTRES MOYENS D'ACCÈS

Dans une cabane dans les arbres, se rendre d'un point A à un point B est parfois une véritable aventure! Avec une once de créativité, vous imaginerez une kyrielle de points d'accès et construirez votre propre moyen de transport avec les matériaux que vous aurez sous la main (mais ne vous privez pas d'aller jeter un coup d'œil dans les magasins spécialisés). Quel sera votre mode d'accès? Les enfants préfèrent les options les plus téméraires – corde à nœuds, tyrolienne – quand les adultes se contentent volontiers d'une échelle à barreaux plats. Trouvez un habile compromis : pourquoi pas une échelle pour monter dans la cabane avec les bras chargés, et une rampe de pompier pour en sortir avec style? Un escalier traditionnel peut aussi être envisagé pour des hôtes moins agiles ou si la cabane reçoit de nombreux locataires. Construire un escalier est assez difficile, mieux vaut faire appel à un charpentier expérimenté; pour un pro, ce sera l'affaire de deux jours.

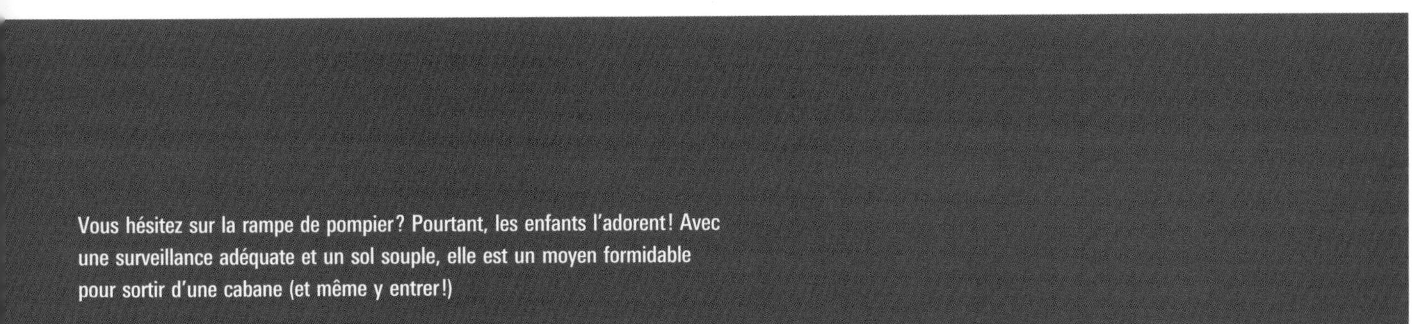

Vous hésitez sur la rampe de pompier? Pourtant, les enfants l'adorent! Avec une surveillance adéquate et un sol souple, elle est un moyen formidable pour sortir d'une cabane (et même y entrer!)

Construire une échelle

Une échelle en bois, fabriquée par vos soins et arrimée de façon permanente, est probablement la meilleure option pour une cabane perchée. Les deux modèles de base sont l'échelle à doubles barreaux et celle à barreaux plats. Bien sûr, les enfants préféreront l'échelle de corde – plus hasardeuse, faites-en un moyen d'accès secondaire.

1. Bien stables, les doubles barreaux sont constitués par des goujons de 38 mm de diamètre, collés (colle polyuréthane résistante à l'humidité) dans des orifices de 25 mm de profondeur percés dans les montants.
2. Maintenez les goujons avec un outil de serrage et collez-les au fur et à mesure. Espacez chaque paire d'environ 30 cm, cela vous donnera suffisamment de jeu pour insérer les goujons suivants sans ôter le dispositif de serrage qui maintient la paire précédente.

Échelle à doubles barreaux. Ce modèle s'inspire des échelles coulissantes, mais son système de doubles barreaux offre une stabilité accrue. Choisissez deux planches de 50 × 150 cm, longues, bien droites et si possible ne présentant pas trop de nœuds – ce seront les montants. Placez un des montants contre la plateforme, à un angle qui vous semble confortable – en général, 60° ou 70° (65° dans notre exemple).
Biseautez l'extrémité inférieure des montants à 65°. Posez-les contre la plateforme à 65° et marquez les indications de coupe sur leur extrémité supérieure. Quand l'échelle sera terminée, vous fixerez les montants à la plateforme ou aux montants de la balustrade : vous devez donc décider si les montants s'arrêteront au niveau de la plateforme ou s'ils la dépasseront (pour faire alors office de poignées). Sciez l'extrémité supérieure du montant – carrée ou arrondie, comme vous préférez. Les deux montants doivent être de dimension et de forme semblables.
Marquez l'emplacement des échelons sur la face avant du montant, en commençant par le bas, tous les 25 ou 30 cm (l'espacement standard est de 30 cm, mais 25 cm est plus adapté aux enfants).
L'espacement entre les échelons doit être régulier. Marquez les emplacements des barreaux sur le second montant. Pour l'angle à 65°, reportez chaque marque sur la face intérieure de chaque montant, à l'aide d'une équerre ou d'un gabarit scié à 65°.
Tracez une ligne de 4,4 cm depuis le rebord avant et le rebord arrière des montants et marquez le centre du trou qui accueillera le barreau. Attention : cette mesure est valable pour un goujon de 38 mm de diamètre. Sciez vos barreaux à 50,8 cm de long : votre échelle fera 53,3 cm de large, avec un écart entre les montants de 45,7 cm. Sur le montant, à chaque emplacement d'échelon, percez un trou de 38 mm de diamètre et de 25 mm de profondeur – faites des essais pour vérifier que les goujons s'ajustent bien.
Préparez toutes les pièces pour la séance de collage. Prenez un montant, enduisez de colle la paroi du trou (colle anti-humidité) en évitant d'en mettre trop (sinon le goujon n'ira pas jusqu'au fond du trou). Enfoncez bien le goujon, avec un maillet de caoutchouc s'il le faut. Vérifiez que chaque échelon soit bien perpendiculaire au montant. Quand ils sont tous en place, encollez les trous du second montant (demandez de l'aide, à deux c'est plus facile), que vous placez ensuite sur les extrémités des goujons. Enfoncez bien. Immobilisez les montants avec un dispositif de serrage et laissez sécher. Vissez l'échelle à la plateforme ou à la balustrade.

1

2
LAWSON
INSIGHT

Construire une échelle (suite)

Échelle à barreaux plats. Une échelle à barreaux plats se rapproche beaucoup d'un escalier traditionnel et est plus facile à gravir qu'une échelle à barreaux circulaires. Une seule obligation : faire toujours face à l'échelle, que l'on monte ou que l'on descende. Ajoutez une rampe sur chaque montant, c'est plus sûr. Pour fabriquer une échelle à barreaux plats, suivez le même processus que pour l'échelle à doubles barreaux (p. 94), sciez les montants de 50 × 150 cm et marquez l'emplacement des barreaux.

Sciez des barreaux de 45,7 cm dans des planches de 50 × 100 cm ou de 50 × 150 cm, pour une échelle d'une largeur totale de 53,3 cm. Fixez chaque barreau avec trois vis spécial terrasse de 90 mm rivées dans un avant-trou depuis l'extérieur du montant jusque dans l'extrémité du barreau. Assurez-vous que le barreau est bien à plat, avec sa face arrière dans l'alignement de la face arrière des montants. Renforcez chaque montant avec un taquet de 25 × 50 cm. Le taquet va de l'avant du barreau jusqu'à l'arrière du montant. Fixez-le avec des vis de 50 mm rivées dans un avant-trou depuis le taquet jusque dans le montant.

Si vous ajoutez des rampes, sciez des blocs de bois de 7,6 cm de long dans des planches de 50 × 50 cm. Passez-les au papier de verre. Fixez ces blocs à l'avant des montants, espacés de 90 cm, avec deux vis de 90 mm. Pour la rampe, choisissez une tige (du type goujon) de 32 ou 38 mm de diamètre ou un tube PVC de 40 mm de diamètre. Fixez le tube aux blocs avec des vis de 90 mm rivées dans un avant-trou.

Assurez-vous que les têtes de vis ne dépassent pas de la surface de la rampe. Si vous devez joindre des longueurs de tige, faites-le au niveau des blocs et assemblez-les en les clouant de biais.

3. Fixez les échelons aux montants, soutenus par une paire de taquets de 25 × 50 cm.

4. Sur les rampes, dégauchissez les vis afin qu'elles ne saillent pas.

5. Il faut un peu de temps pour s'acclimater à une échelle de corde, mais c'est finalement un moyen d'accès très sympa. Elle est simple d'emploi et sûre si elle est fixée au sol, ce qui l'empêche de vaciller (et il suffit de détacher le mousqueton pour la remonter dans la cabane).

3

4

Échelle de corde. Les échelles de corde ne sont pas forcément simples à gravir, mais c'est ce que l'on apprécie chez elles ! Il n'en faut pas plus aux enfants pour s'imaginer lancés à l'abordage d'un bateau de pirates ! Pour qu'elle soit plus stable, arrimez-la au sol : une fois l'échelle suspendue, nouez ensemble ses deux extrémités de corde. Passez un mousqueton dans la corde, puis dans un piton à vis rivé dans une petite plaque de béton. Pour remonter l'échelle, il suffit de détacher le mousqueton.

Pour fabriquer une échelle de corde, découpez deux longueurs de corde (naturelle ou Nylon) de 20 mm de diamètre – prévoyez quelques longueurs supplémentaires. Pour les échelons, sciez des planches de 25 × 100 cm ou des goujons de 38 mm de diamètre sur 53,3 cm de long. Prévoyez un échelon tous les 60/63,5 cm. Percez un trou de 19 mm au centre de chaque échelon, à 5 cm des extrémités. En laissant une longueur suffisante pour nouer les extrémités, marquez la corde tous les 25 cm. En partant du haut, enfilez chaque échelon sur les cordes et faites un nœud simple sous chaque échelon pour le bloquer.

Attachez les extrémités supérieures des cordes à la plateforme, à la balustrade ou à une poutre, et terminez par un nœud de chaise simple. Éventuellement, arrimez l'échelle au sol.

Trappes

Si vous avez opté pour un moyen d'accès de type corde ou échelle biscornue, il vous faut trouver un moyen aussi « cool » pour entrer dans la cabane… une trappe ! Une trappe classique est carrée, avec un cadre ménagé dans les solives du plancher. Sa porte est constituée par une découpe du plancher. À partir de ce modèle de base, apportez votre touche personnelle : une trappe triangulaire, hexagonale… Tout est envisageable !

Pour la fabriquer, décidez d'abord de la dimension de l'ouverture. Avec des solives de plancher espacées selon un entraxe de 60 cm, vous pouvez miser sur une ouverture carrée de 57 cm. Ajoutez deux tasseaux sur les deux côtés, le cadre est terminé. Avec un espacement de 40 cm, les solives de plancher sont distantes de 36 cm, ce qui est un peu trop étroit pour une trappe. Pour l'élargir, sciez la solive qui court le long de l'ouverture envisagée et posez deux chevêtres à chaque extrémité. Puis installez un ou deux tasseaux entre les chevêtres. Pour le cadre, veillez à utiliser le même bois que celui des solives. Ensuite, ajoutez une butée de 25 × 50 cm de chaque côté du cadre, bien alignée sur le dessous du plancher. Découpez les planches bien alignées avec le cadre (pas les butées). Fixez ensemble les planches avec des taquets ou un carré de contreplaqué afin de créer la porte. Conservez l'espacement d'origine des planches pour que la trappe soit à peine perceptible. Montez les charnières à l'arrière du rebord pour que seuls les gonds restent visibles. Pour la poignée, percez un trou (pour y passer le doigt) ou posez une poignée encastrée.

1. Une trappe est une porte secrète… qui présente certains avantages. Par exemple, si elle est votre unique moyen d'accès, alors vous pouvez entièrement circonscrire la plateforme par une balustrade !

2. Les chevêtres soutiennent chaque extrémité de la solive et constituent les deux côtés du cadre.

Rampe de pompier

Rien de tel qu'une rampe de pompier pour prendre la poudre d'escampette ! Pour en fabriquer une, il vous faut un tuyau en plastique, du béton et un morceau de contreplaqué. Dans une caserne, les pompiers glissent sur la rampe depuis une large ouverture circulaire – mais votre rampe peut tout à fait loger dans l'ouverture carrée de la trappe : il suffit de ménager une encoche pour la rampe quand la porte est fermée.

Sciez une longueur de tuyau de plomberie PVC de 90 mm de diamètre – la rampe part de son point d'arrimage sur la plateforme et s'enfonce au moins sur 30 cm dans le sol. À son extrémité supérieure, passez la rampe dans une planche de bois ou de contreplaqué (19 mm d'épaisseur) percée en son centre au diamètre de la rampe. Fixez cette planche à la charpente du toit ou à une poutre porteuse. Le pied de la rampe enfoncé dans le sol, son sommet devrait dépasser la planche d'au moins 45 cm. Elle doit être parfaitement d'aplomb. Au sol, creusez un trou de 30 cm de diamètre et de 30 cm de profondeur, placez-y la rampe et coulez du béton. Vérifiez une nouvelle fois que la rampe est d'aplomb et laissez bien sécher le béton.

1. Une longueur de tuyau en plastique suffit à fabriquer une rampe de pompier. La porte de la trappe en bloque l'accès.

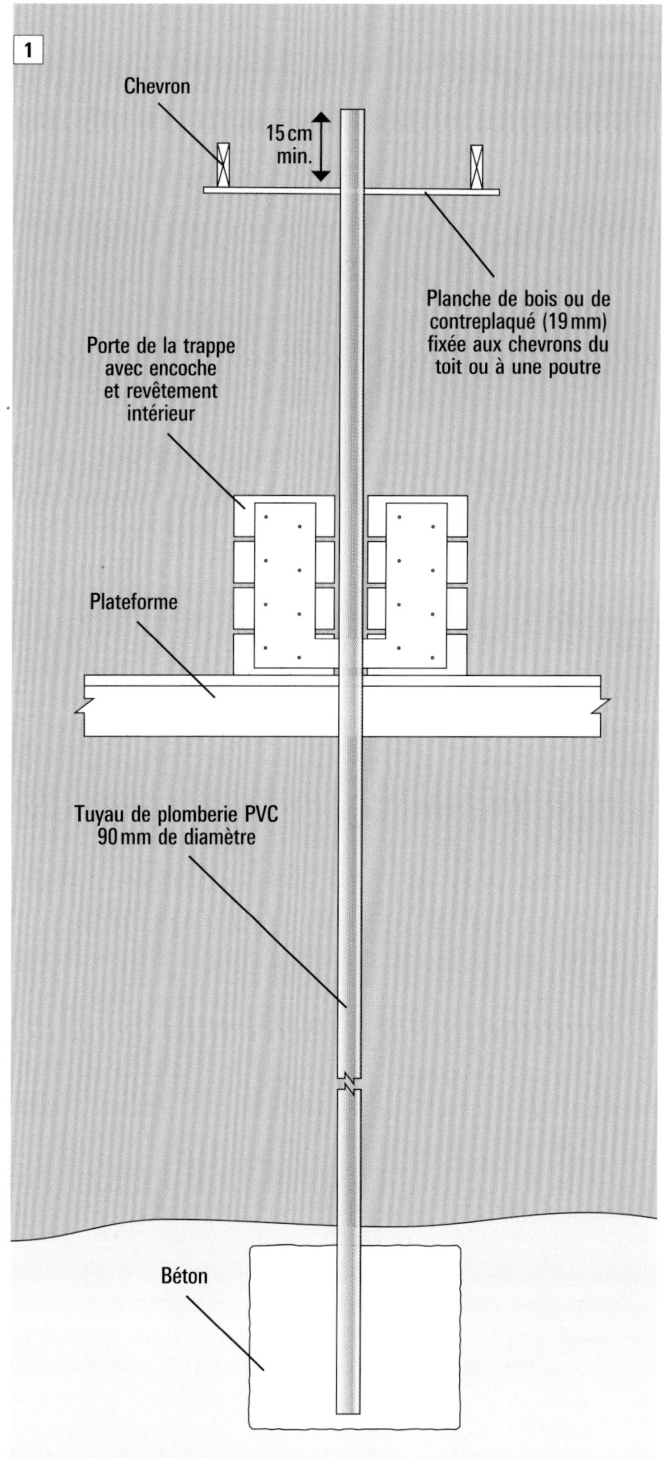

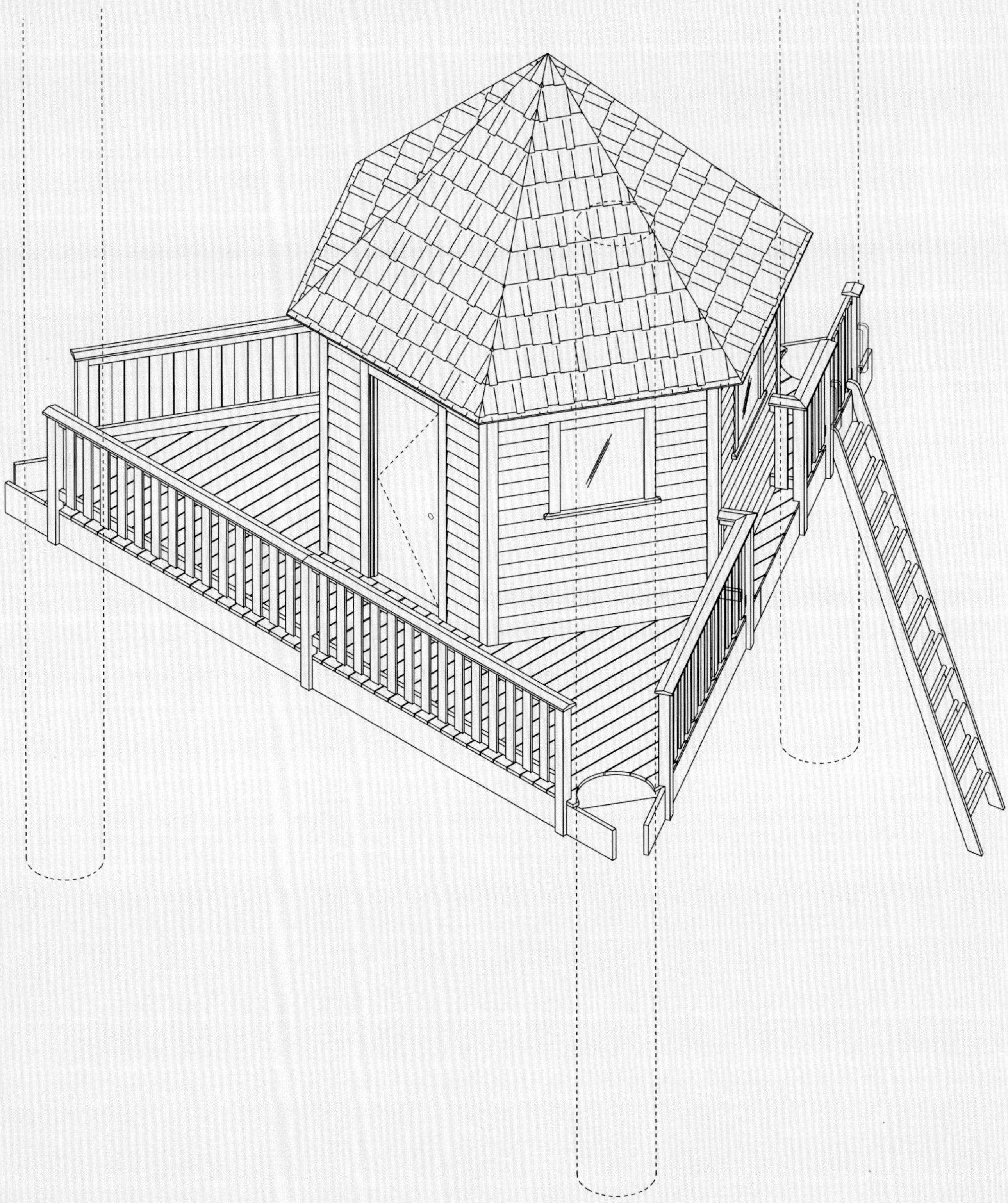

PLANS

Il n'existe pas deux cabanes dans les arbres semblables comme il n'existe pas deux arbres semblables. Ce qui ne signifie pas pour autant que les plans sont inutiles. C'est pourquoi nous avons choisi d'inclure dans cet ouvrage six plans complets – libre à vous de les étudier et de vous en inspirer. Il est peu probable que vous les suiviez au pied de la lettre : nous avons donc fait abstraction de certaines cotes et de certains détails, afin que vous les adaptiez à votre/vos arbre(s) et à votre projet. Toutefois, ces plans vous seront d'une aide précieuse pour vous lancer dans cette belle aventure.

Plan 1 : toit à pignon avec poteaux auxiliaires

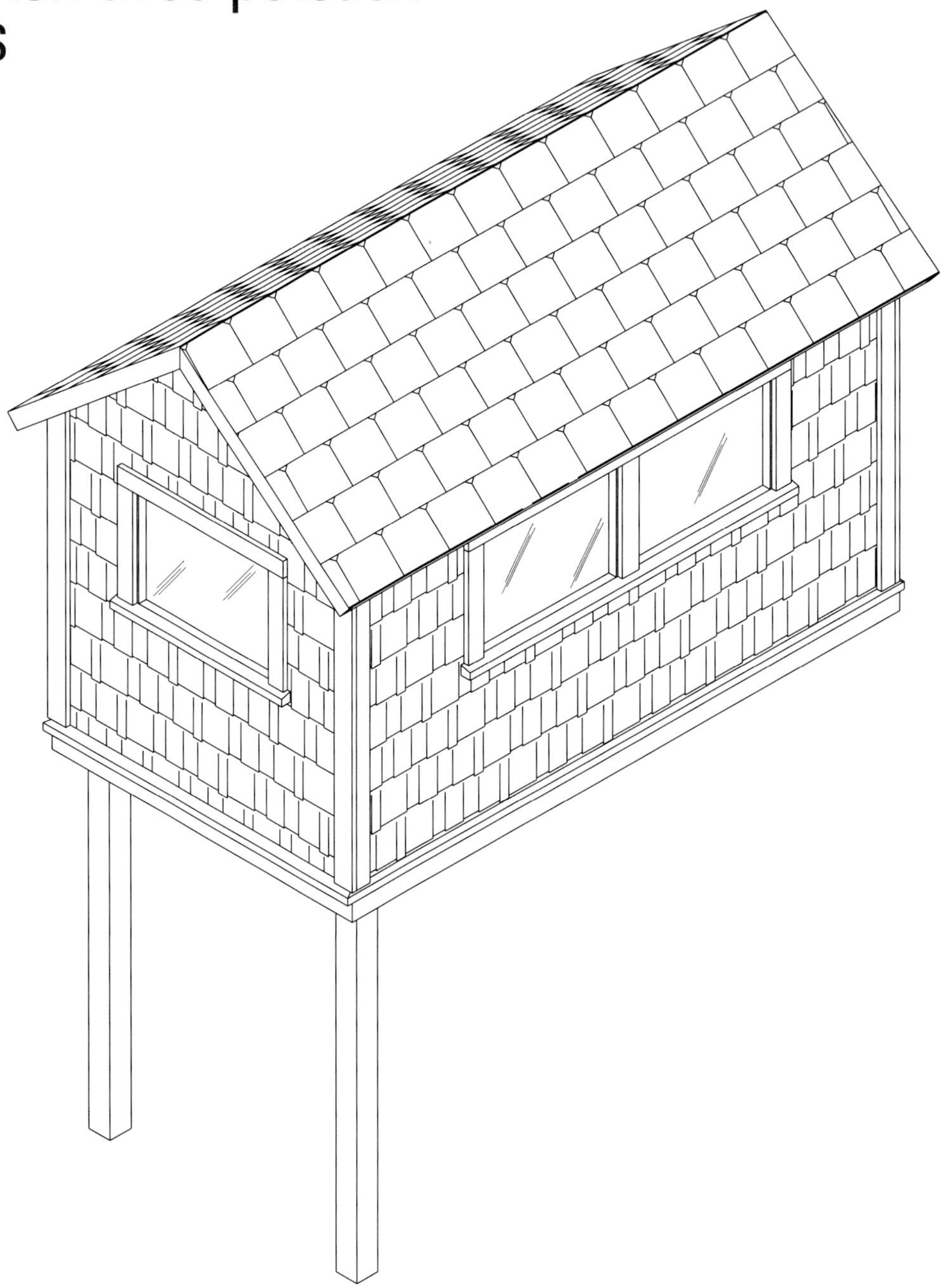

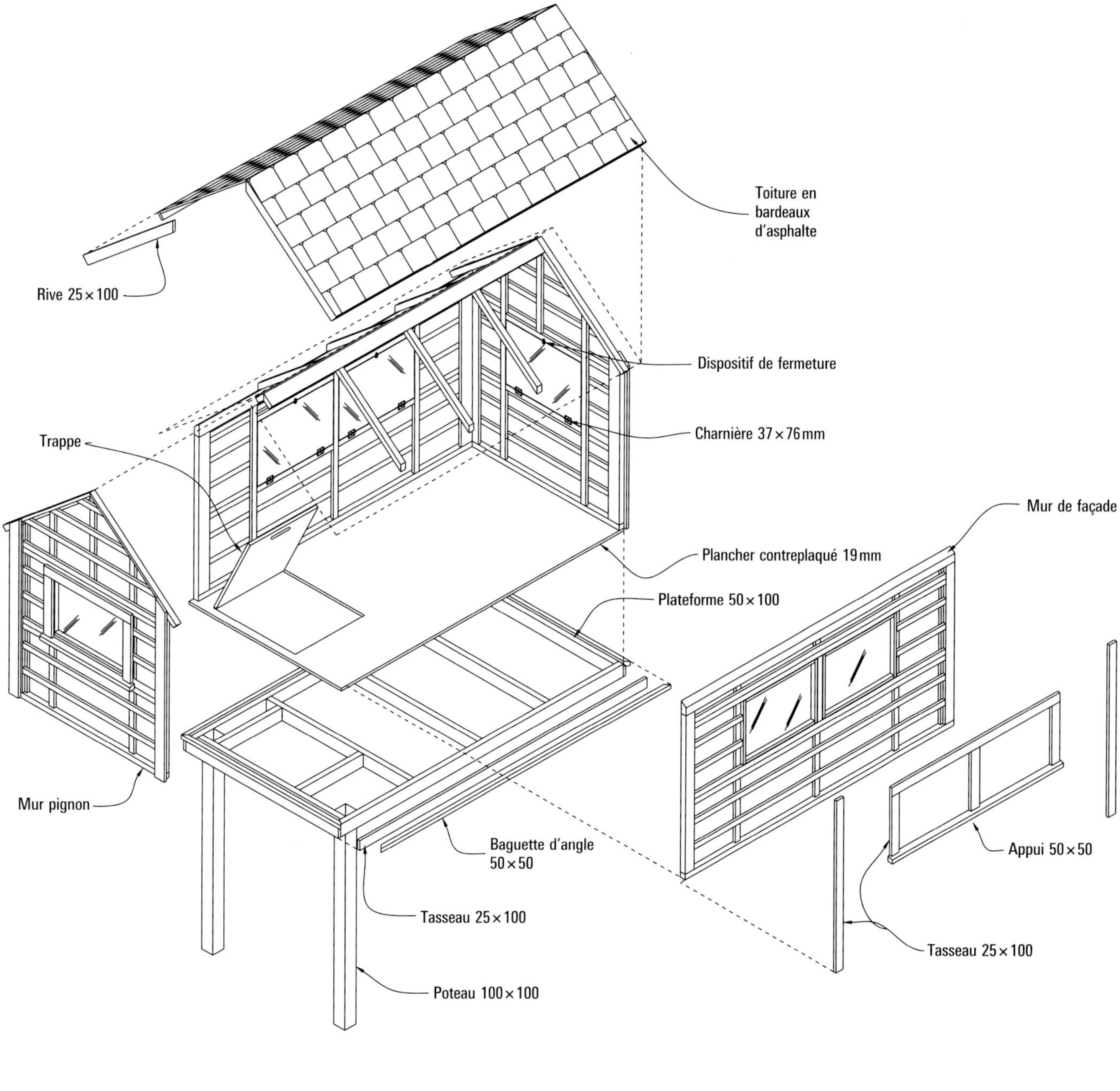
Toiture en
bardeaux
d'asphalte
Rive 25 × 100
Dispositif de fermeture
Charnière 37 × 76 mm
Trappe
Mur de façade
Plancher contreplaqué 19 mm
Plateforme 50 × 100
Mur pignon
Baguette d'angle
50 × 50
Appui 50 × 50
Tasseau 25 × 100
Tasseau 25 × 100
Poteau 100 × 100

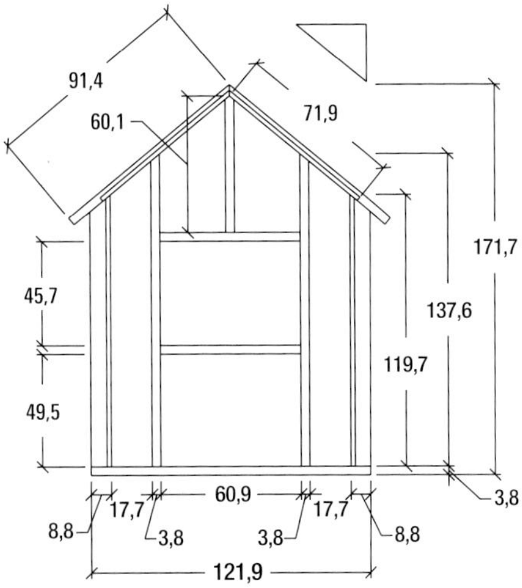

MUR PIGNON

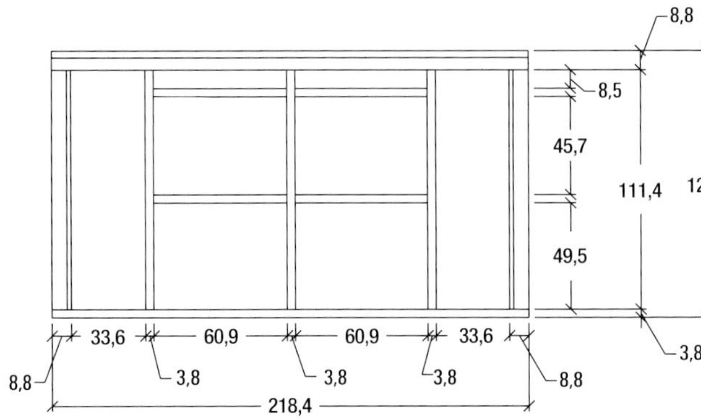

MUR DE FAÇADE

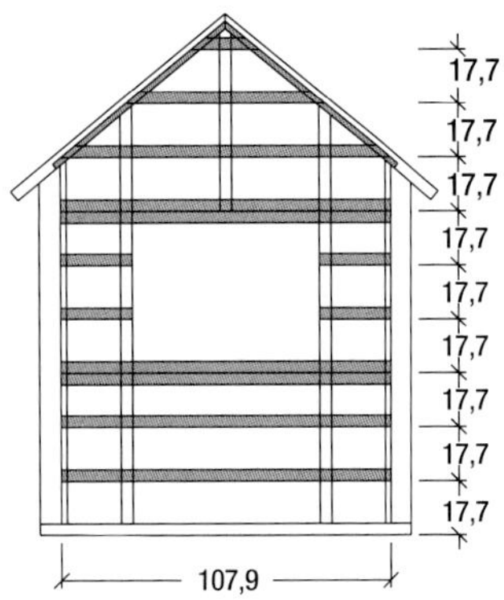

MUR PIGNON AVEC SUPPORT DE COUVERTURE NON JOINTIF

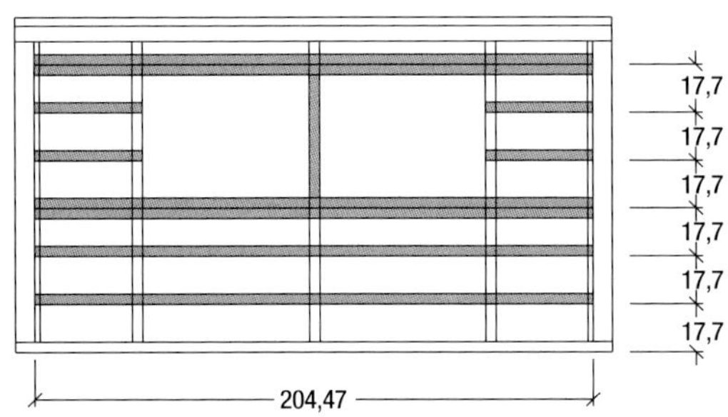

MUR DE FAÇADE AVEC SUPPORT DE COUVERTURE NON JOINTIF

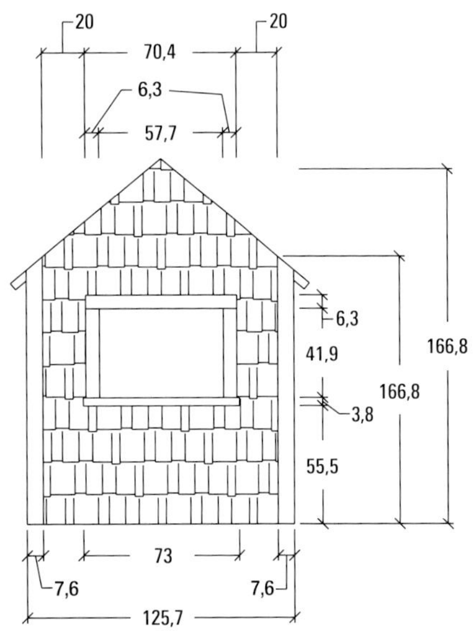

MUR PIGNON AVEC TASSEAUX ET BARDEAUX

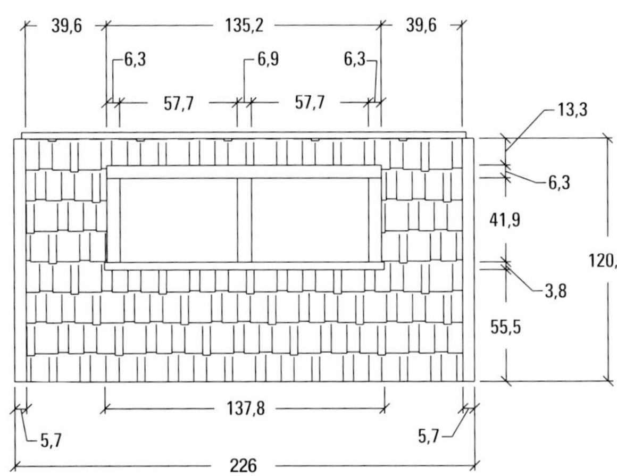

MUR DE FAÇADE AVEC TASSEAUX ET BARDEAUX

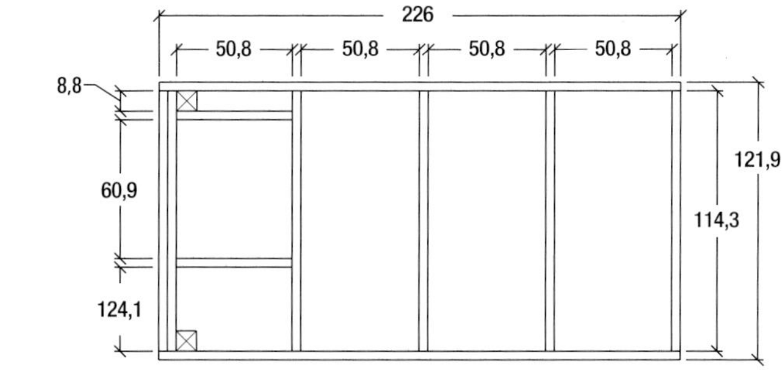

VUE DE DESSUS – OSSATURE DE LA PLATEFORME

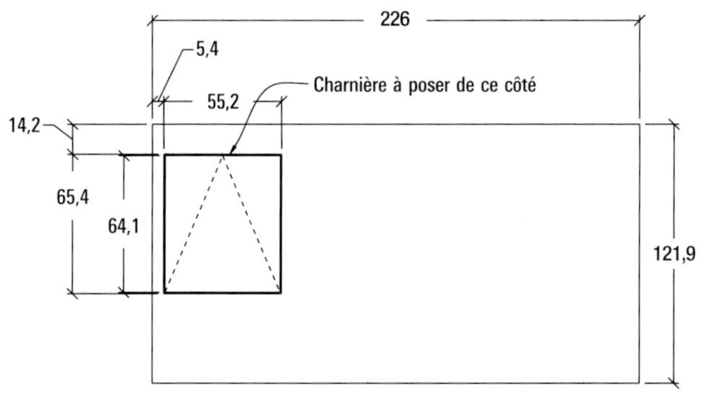

VUE DE DESSUS – PLANCHER EN CONTREPLAQUÉ AVEC DÉCOUPE

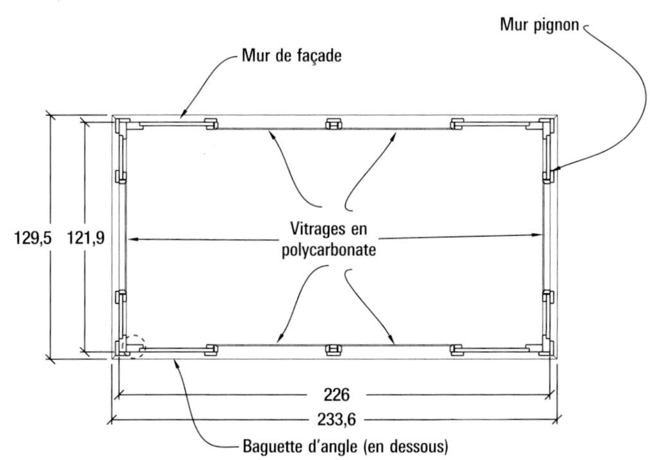

VUE DE DESSUS – OSSATURE DU MUR

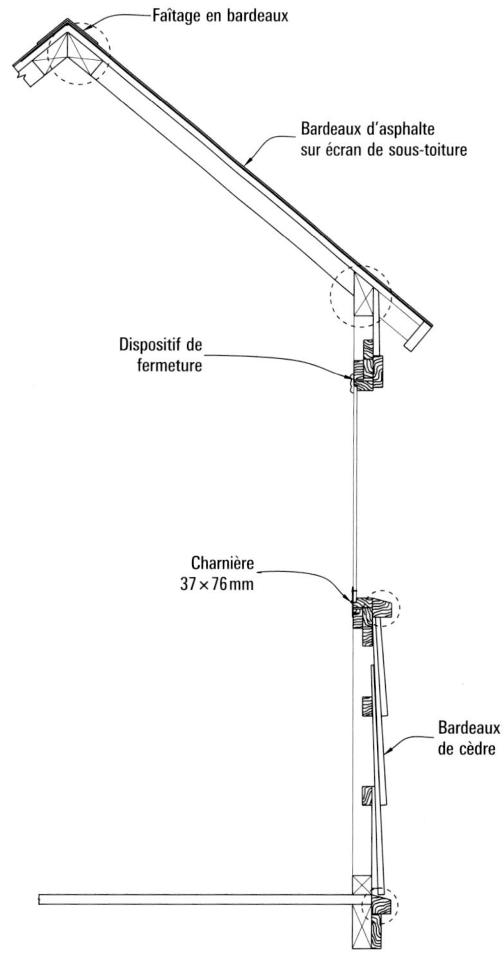

MUR EN COUPE

Plan 2 : toit à deux versants et terrasse

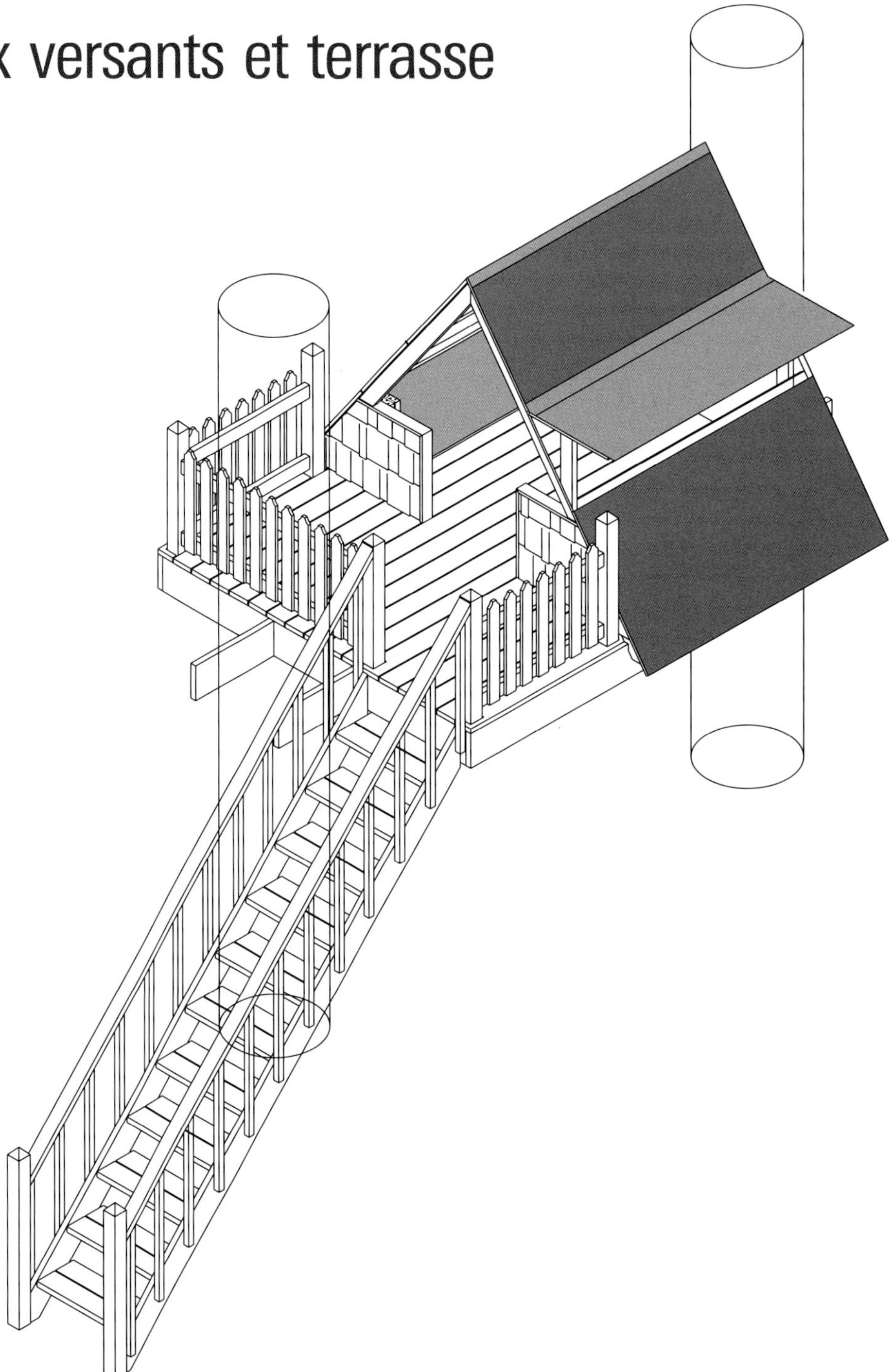

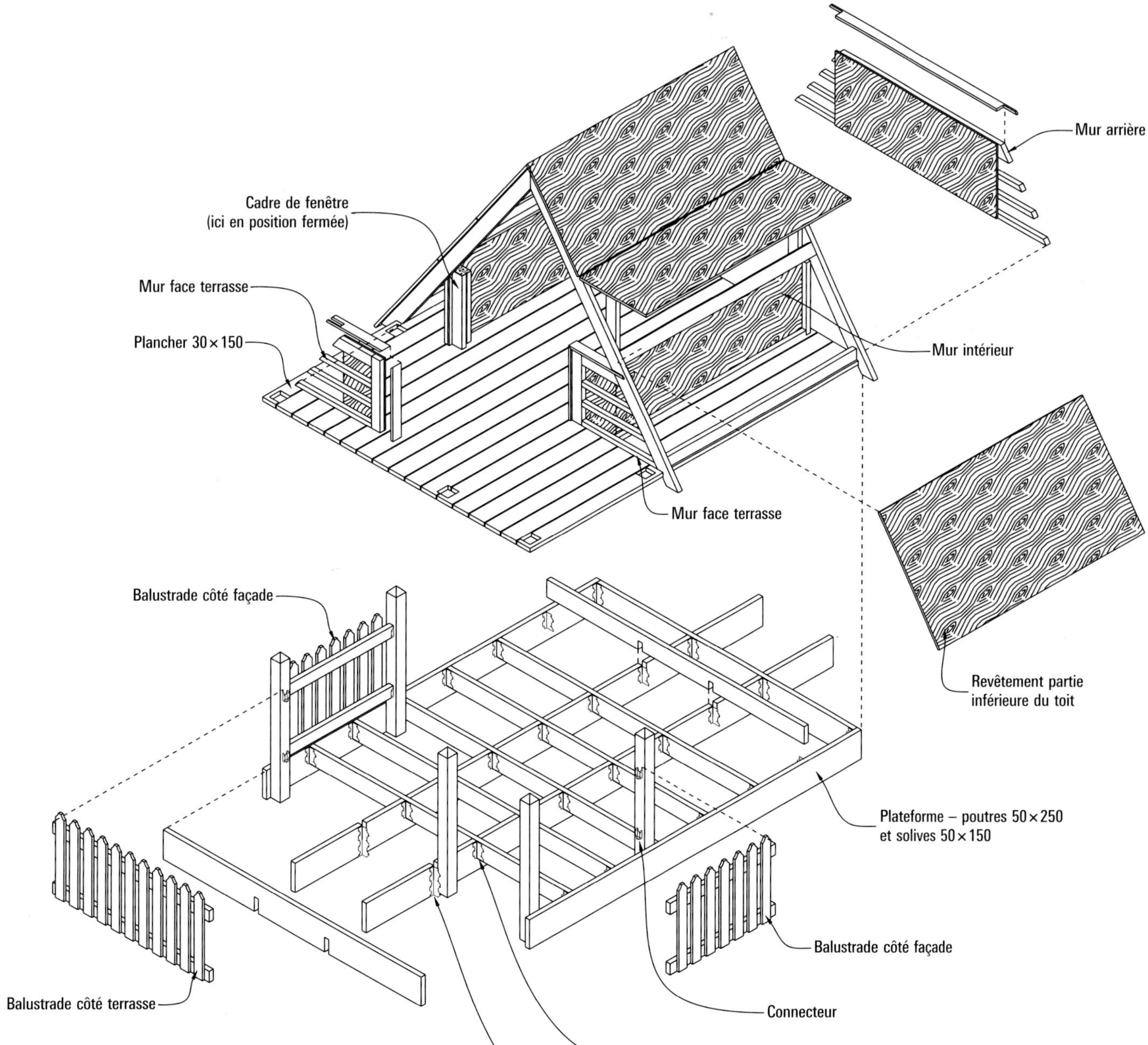

Échelle et bardeaux de cèdre
ne figurent pas sur ce plan

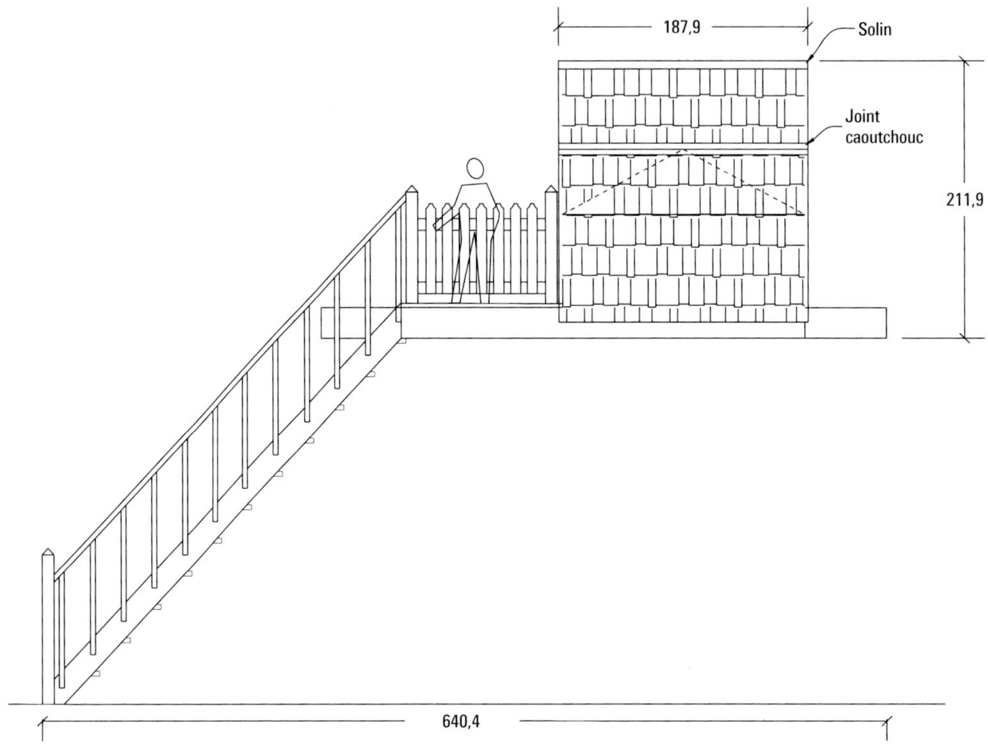

ÉLÉVATION 2 – FAÇADE ET ESCALIER

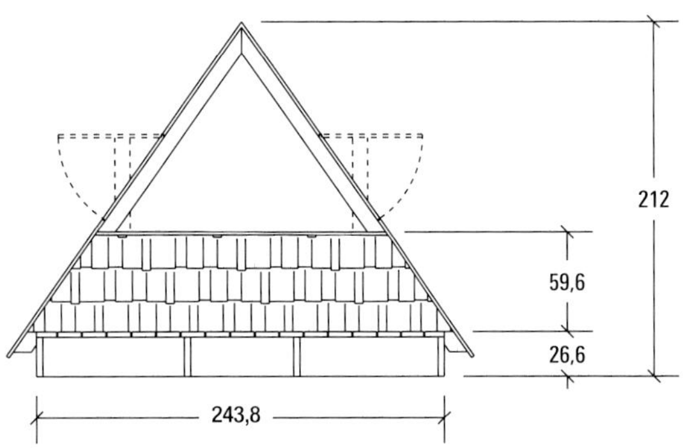

ÉLÉVATION, VUE ARRIÈRE

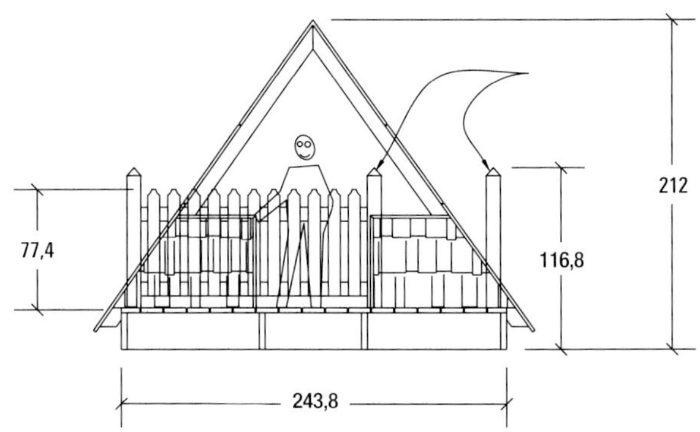

ÉLÉVATION, TERRASSE
(L'ÉCHELLE NE FIGURE PAS SUR CE PLAN)

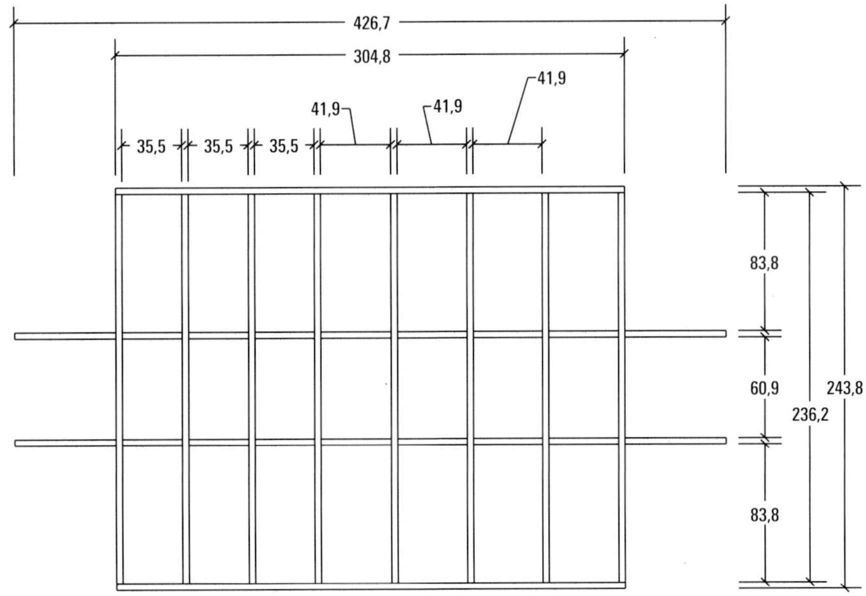

VUE DE DESSUS – PLATEFORME

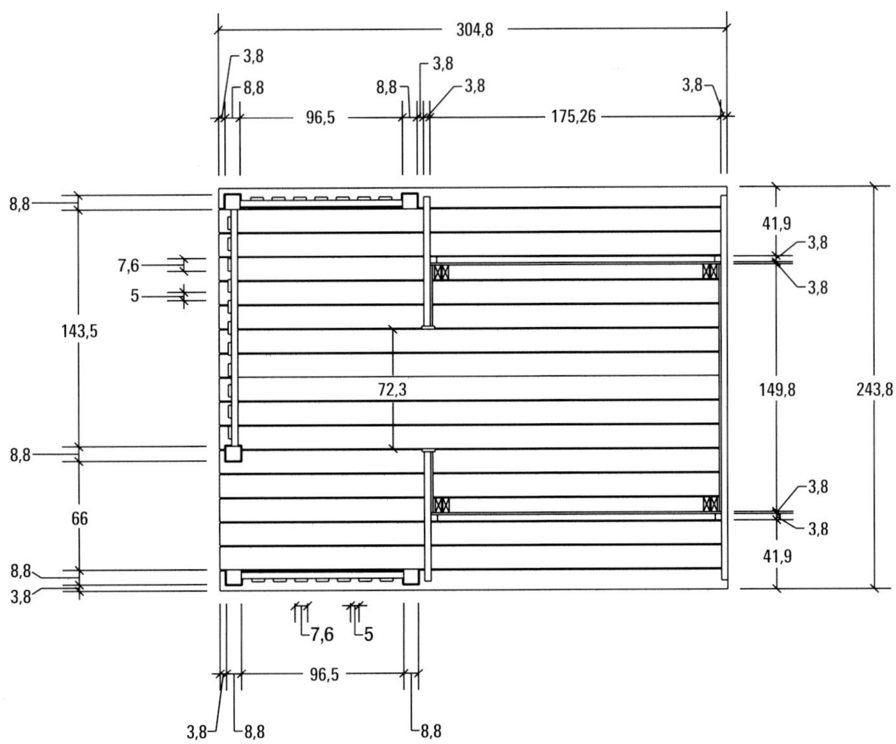

VUE DE DESSUS – TERRASSE, BALUSTRADE, MURS

Plan 3 : nid-de-pie à demi-toit

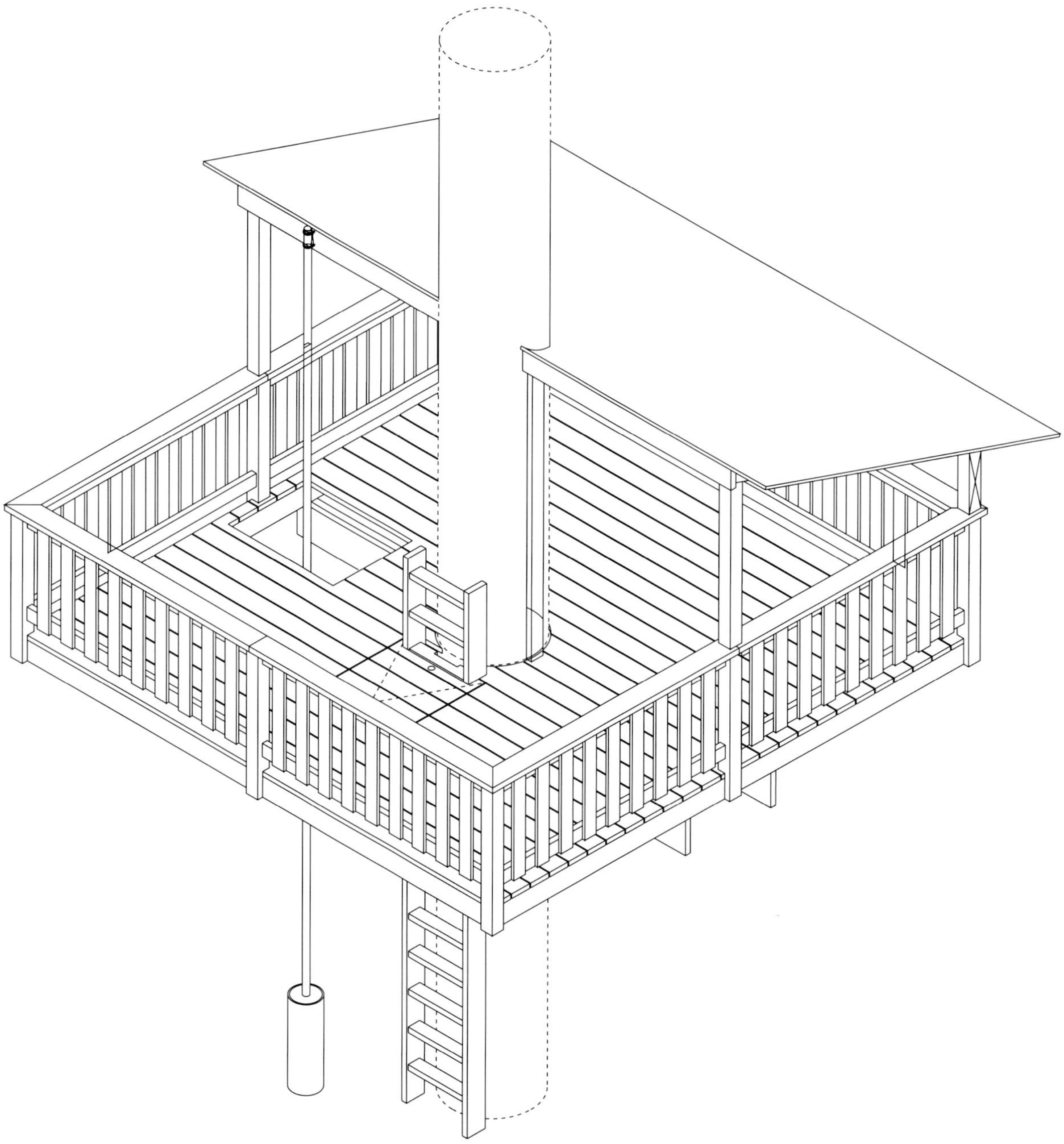

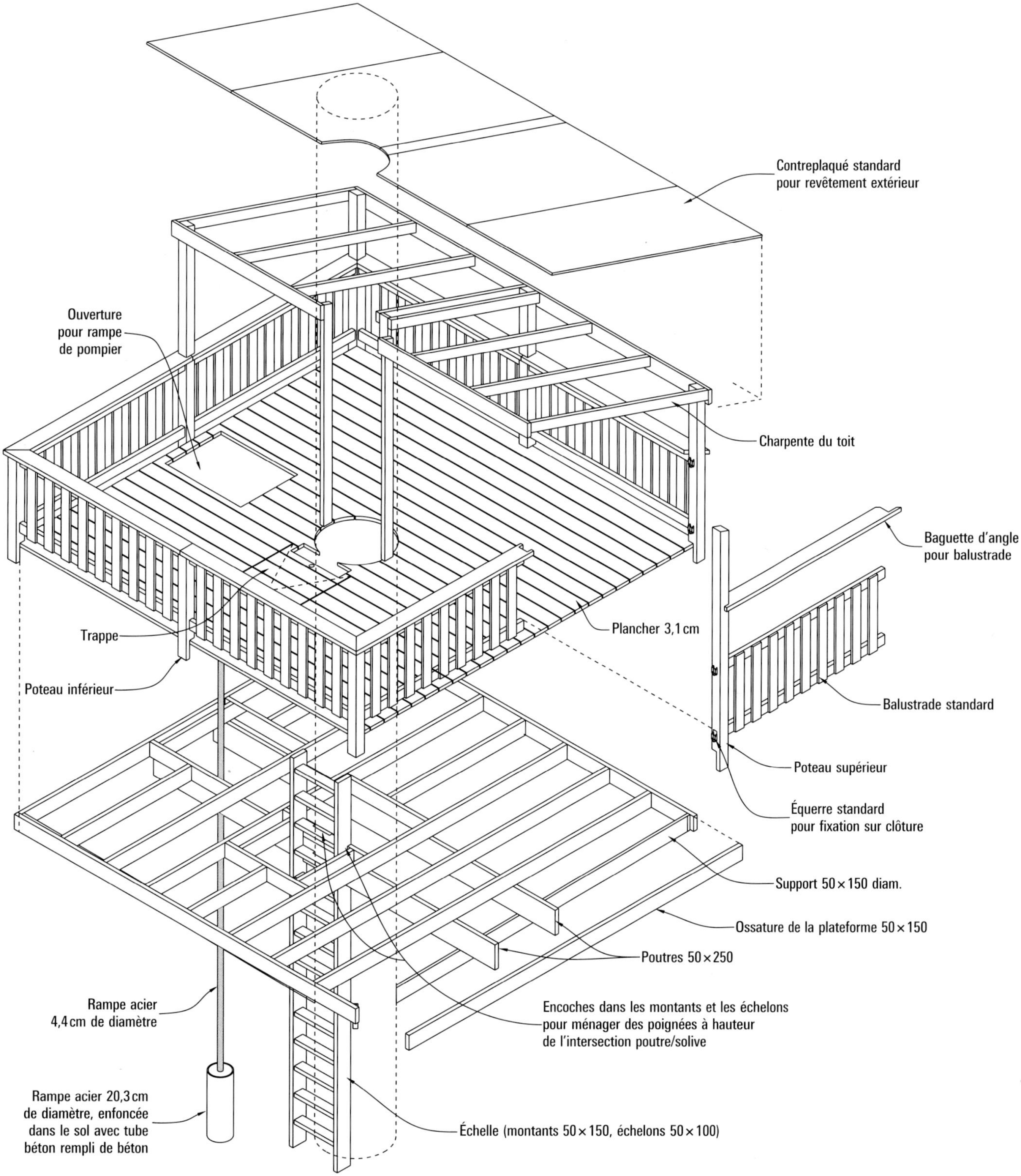
Contreplaqué standard
pour revêtement extérieur
Ouverture
pour rampe
de pompier
Charpente du toit
Baguette d'angle
pour balustrade
Plancher 3,1 cm
Trappe
Balustrade standard
Poteau inférieur
Poteau supérieur
Équerre standard
pour fixation sur clôture
Support 50 × 150 diam.
Ossature de la plateforme 50 × 150
Poutres 50 × 250
Rampe acier
4,4 cm de diamètre
Encoches dans les montants et les échelons
pour ménager des poignées à hauteur
de l'intersection poutre/solive
Rampe acier 20,3 cm
de diamètre, enfoncée
dans le sol avec tube
béton rempli de béton
Échelle (montants 50 × 150, échelons 50 × 100)

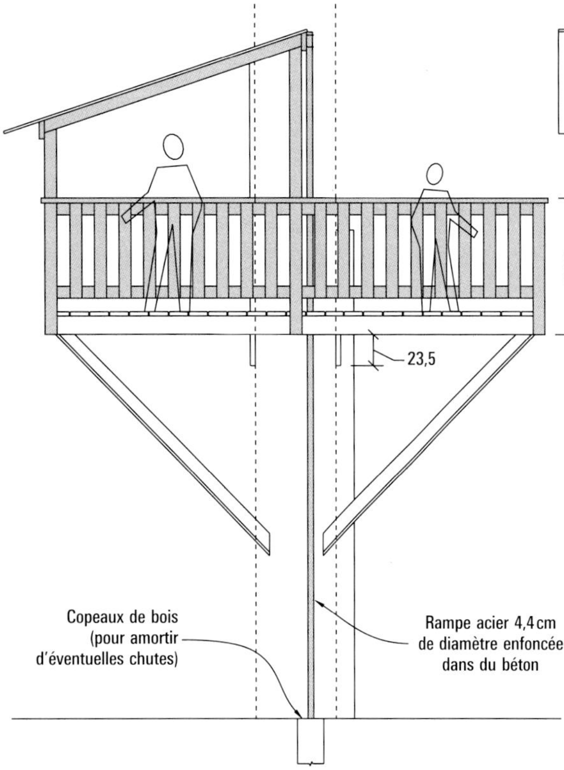

ÉLÉVATION, CÔTÉ

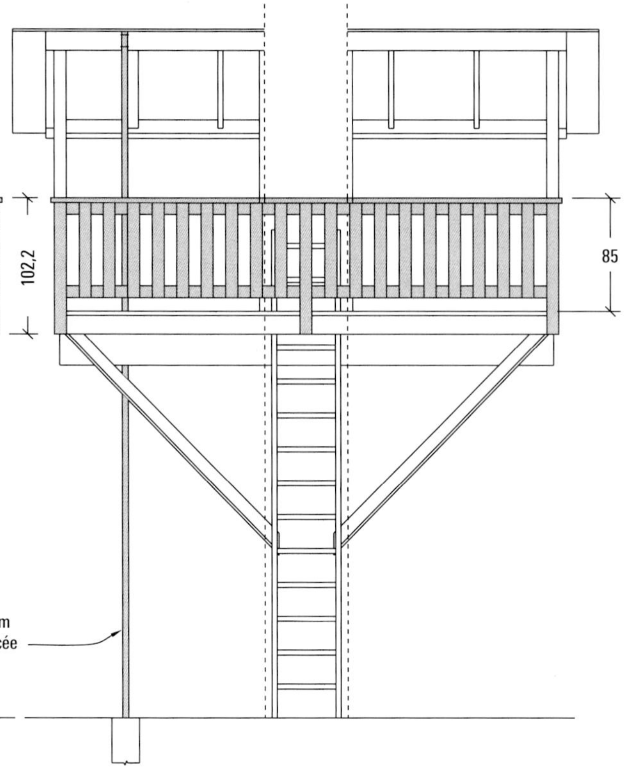

ÉLÉVATION, ÉCHELLE

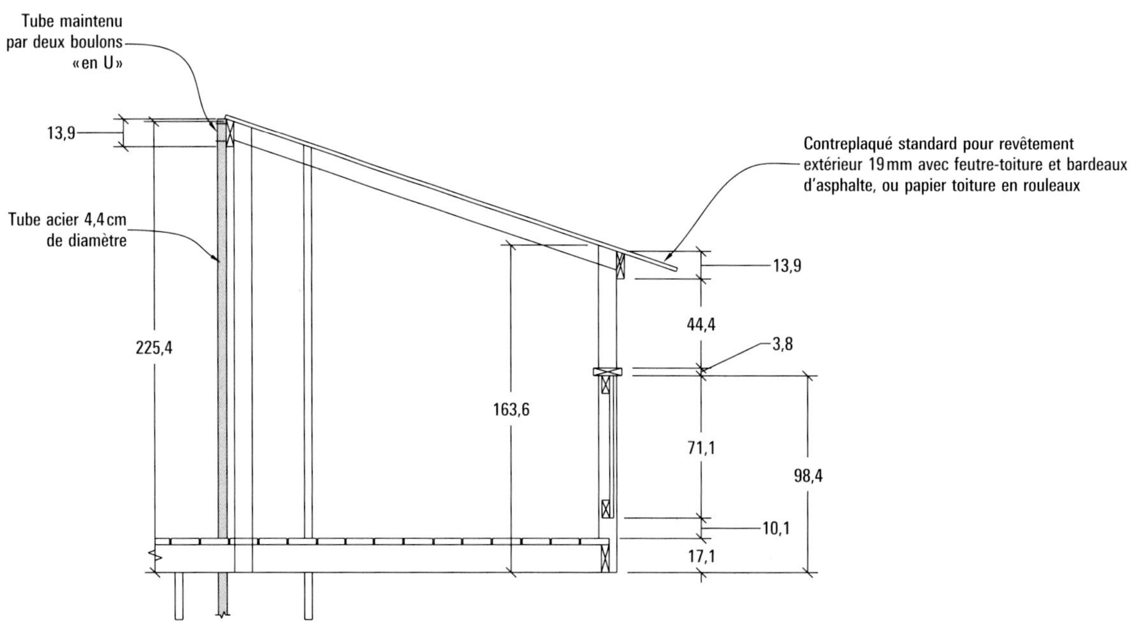

PLAN EN COUPE, TOIT/BALUSTRADE

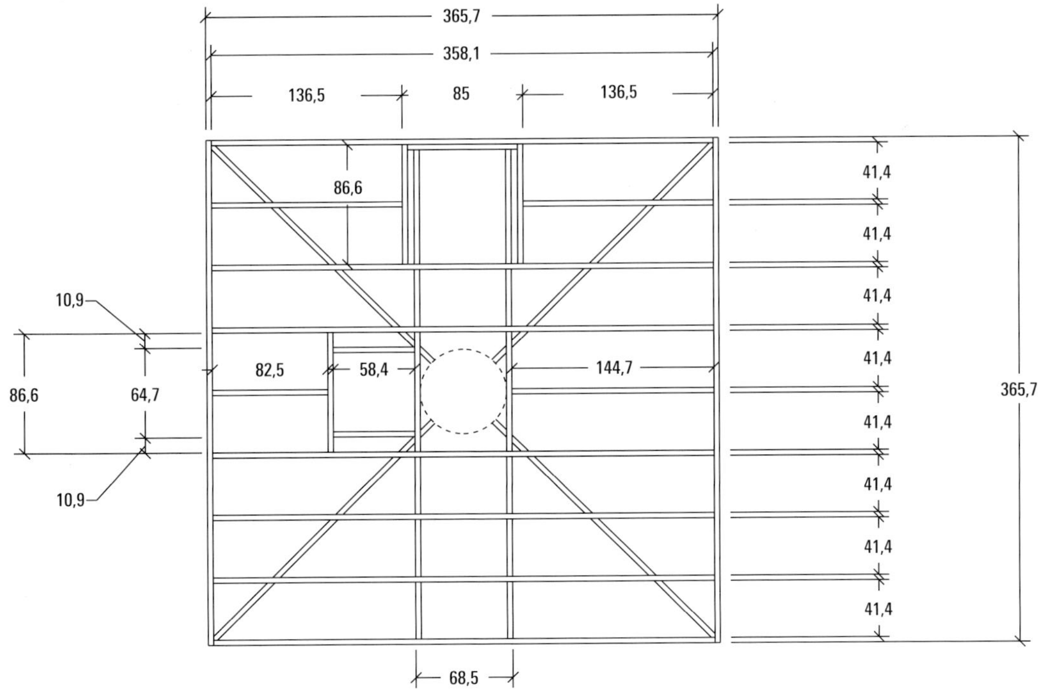

VUE DE DESSUS – OSSATURE DE LA PLATEFORME

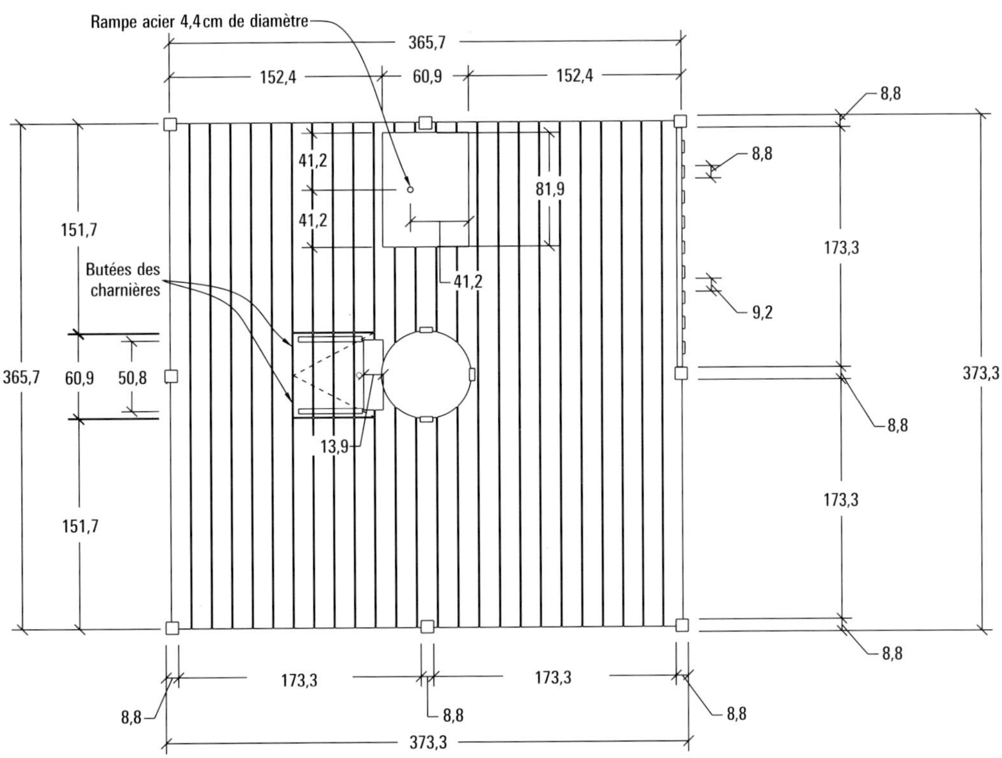

VUE DE DESSUS – TERRASSE, BALUSTRADE

Plan 4 : appentis sur pilotis

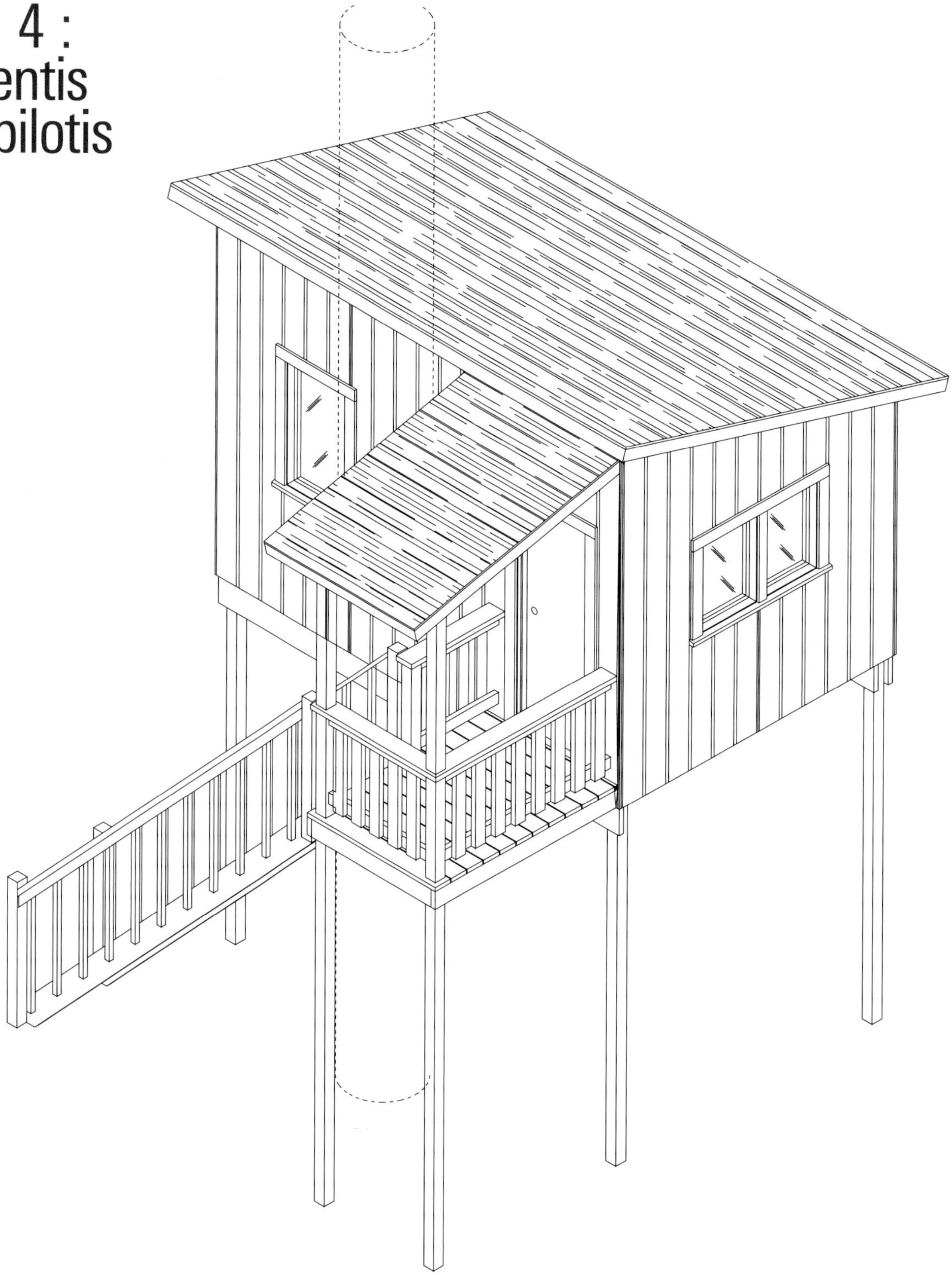

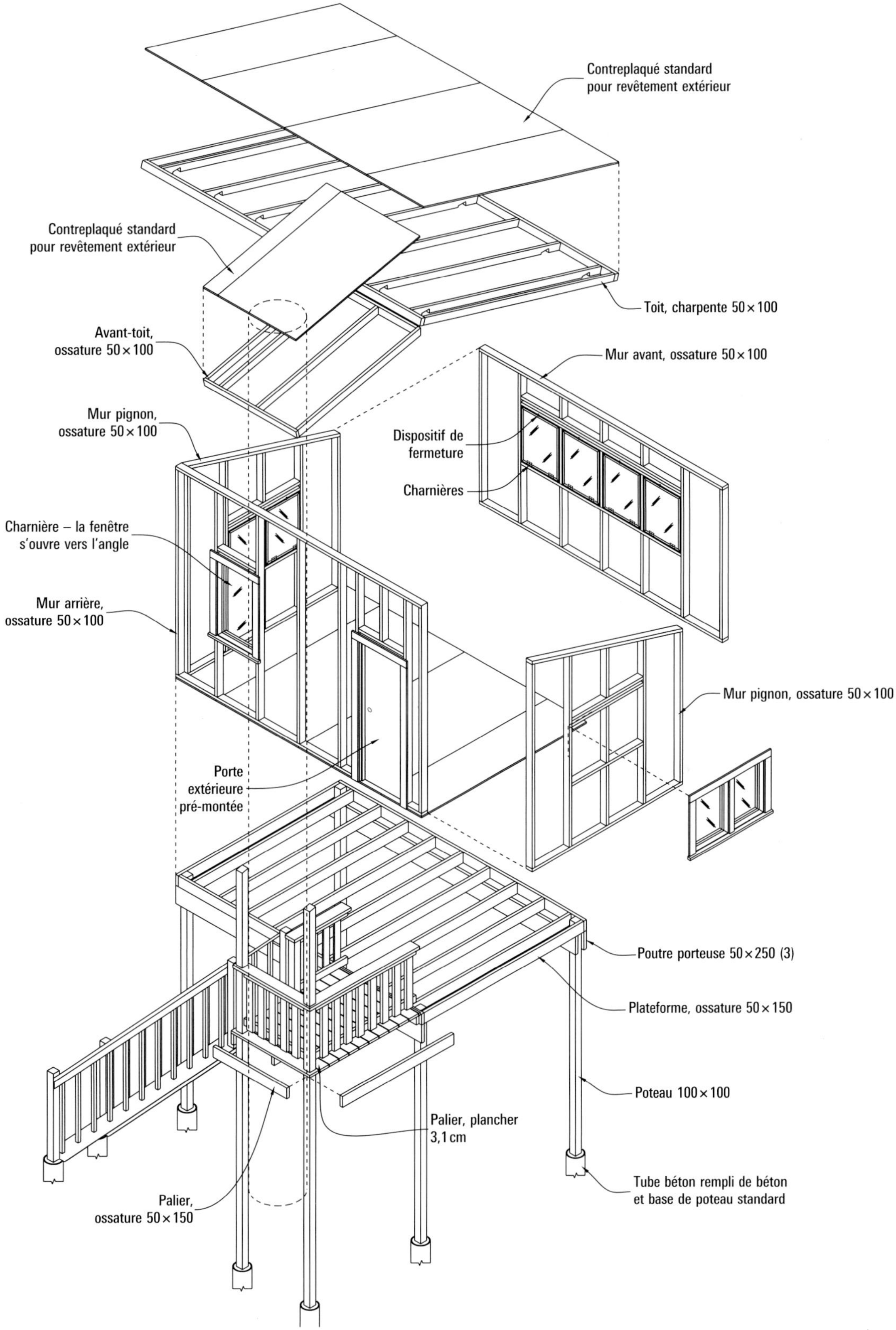

Contreplaqué standard
pour revêtement extérieur
Contreplaqué standard
pour revêtement extérieur
Toit, charpente 50 × 100
Avant-toit,
ossature 50 × 100
Mur avant, ossature 50 × 100
Mur pignon,
ossature 50 × 100
Dispositif de
fermeture
Charnières
Charnière – la fenêtre
s'ouvre vers l'angle
Mur arrière,
ossature 50 × 100
Mur pignon, ossature 50 × 100
Porte
extérieure
pré-montée
Poutre porteuse 50 × 250 (3)
Plateforme, ossature 50 × 150
Poteau 100 × 100
Palier, plancher
3,1 cm
Tube béton rempli de béton
et base de poteau standard
Palier,
ossature 50 × 150

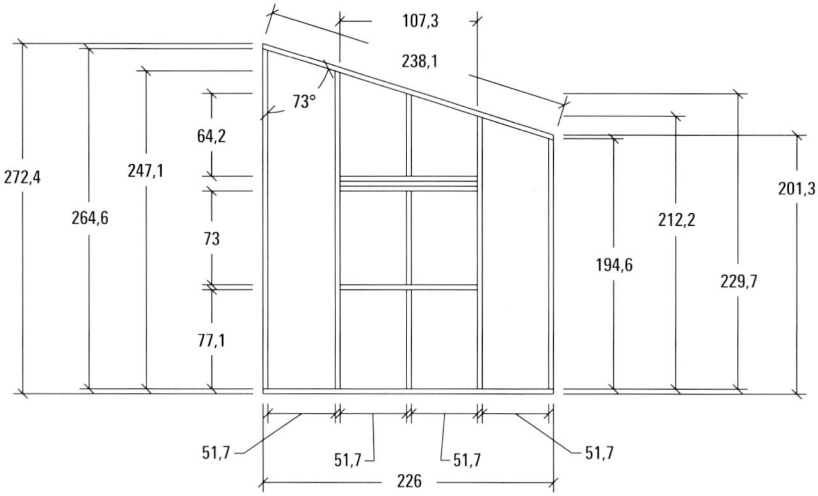

ÉLÉVATION, OSSATURE DU MUR PIGNON

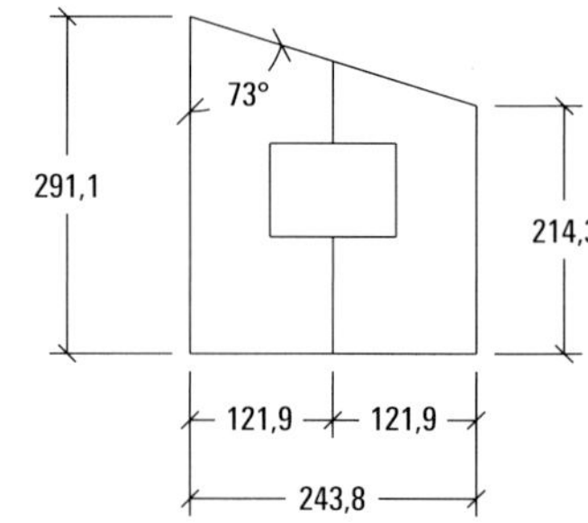

REVÊTEMENT DU MUR PIGNON

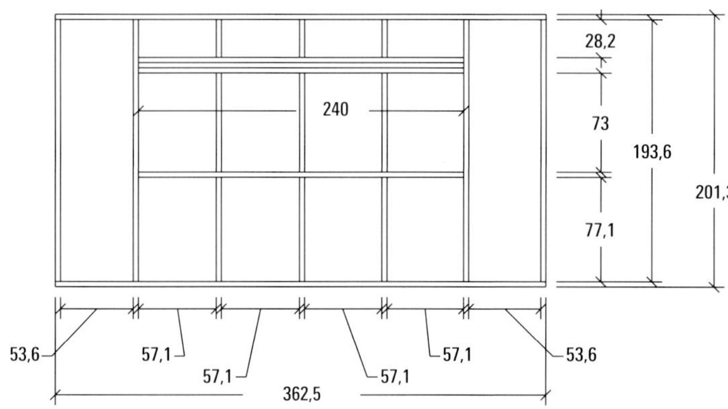

ÉLÉVATION, OSSATURE DU MUR DE FAÇADE

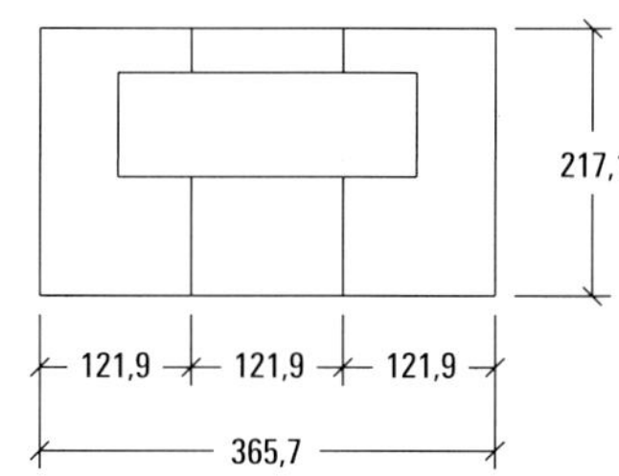

REVÊTEMENT DU MUR DE FAÇADE

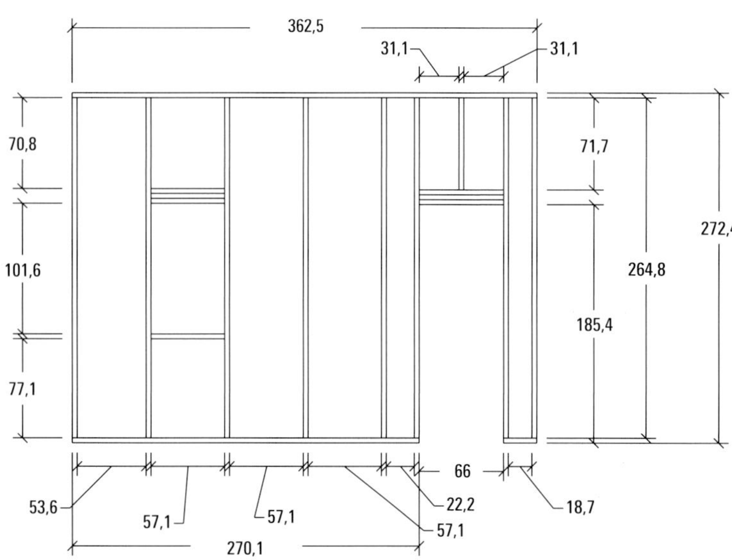

ÉLÉVATION, OSSATURE DU MUR DE FOND

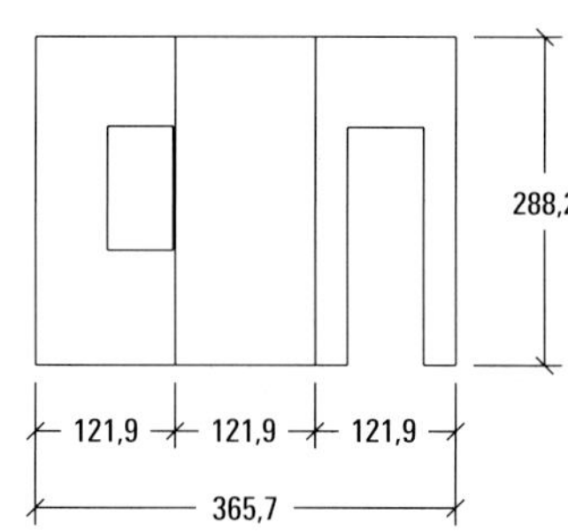

REVÊTEMENT DU MUR ARRIÈRE

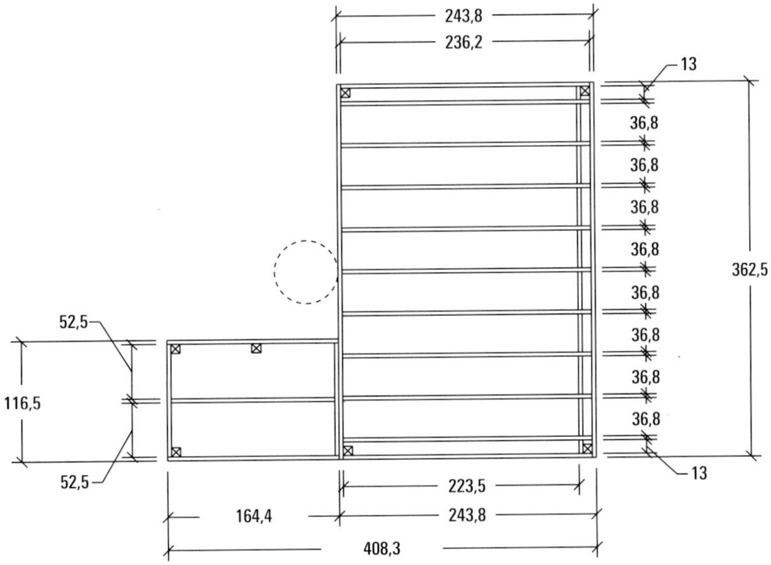

VUE DE DESSUS, PLATEFORME

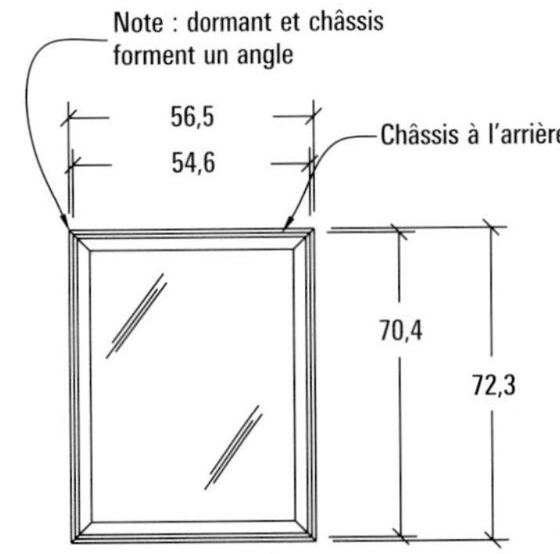

ÉLÉVATION, DORMANT/CHÂSSIS

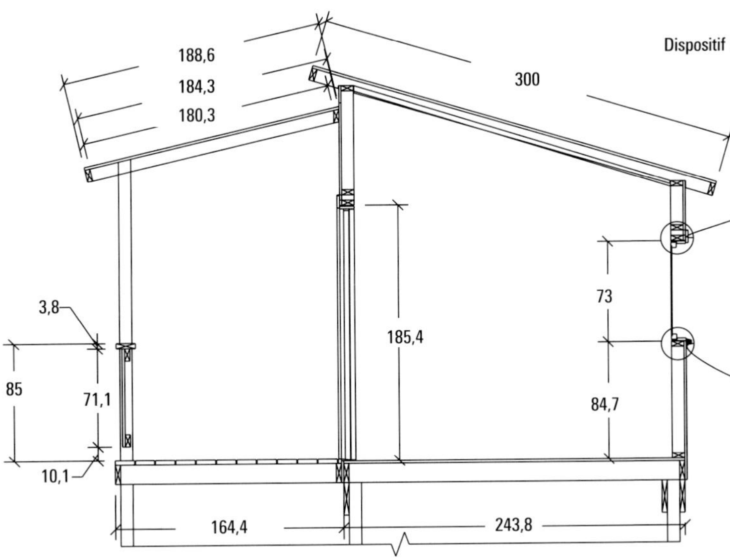

PLAN EN COUPE

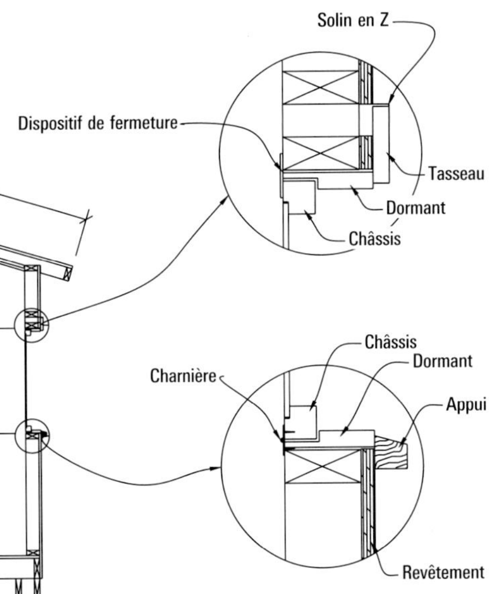

DÉTAIL, APPUI DE FENÊTRE

Plan 5 :
hutte sur plateforme triangulaire

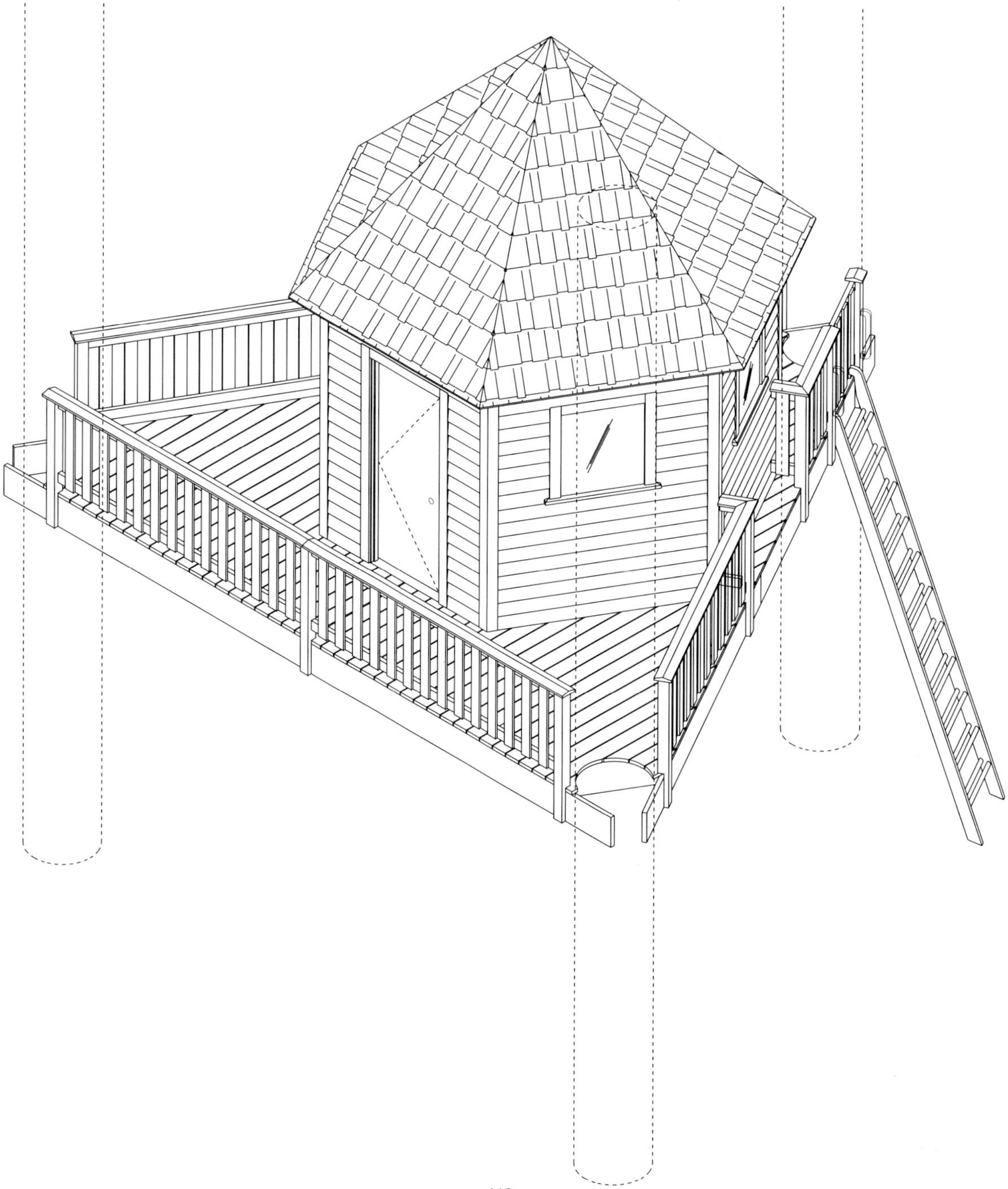

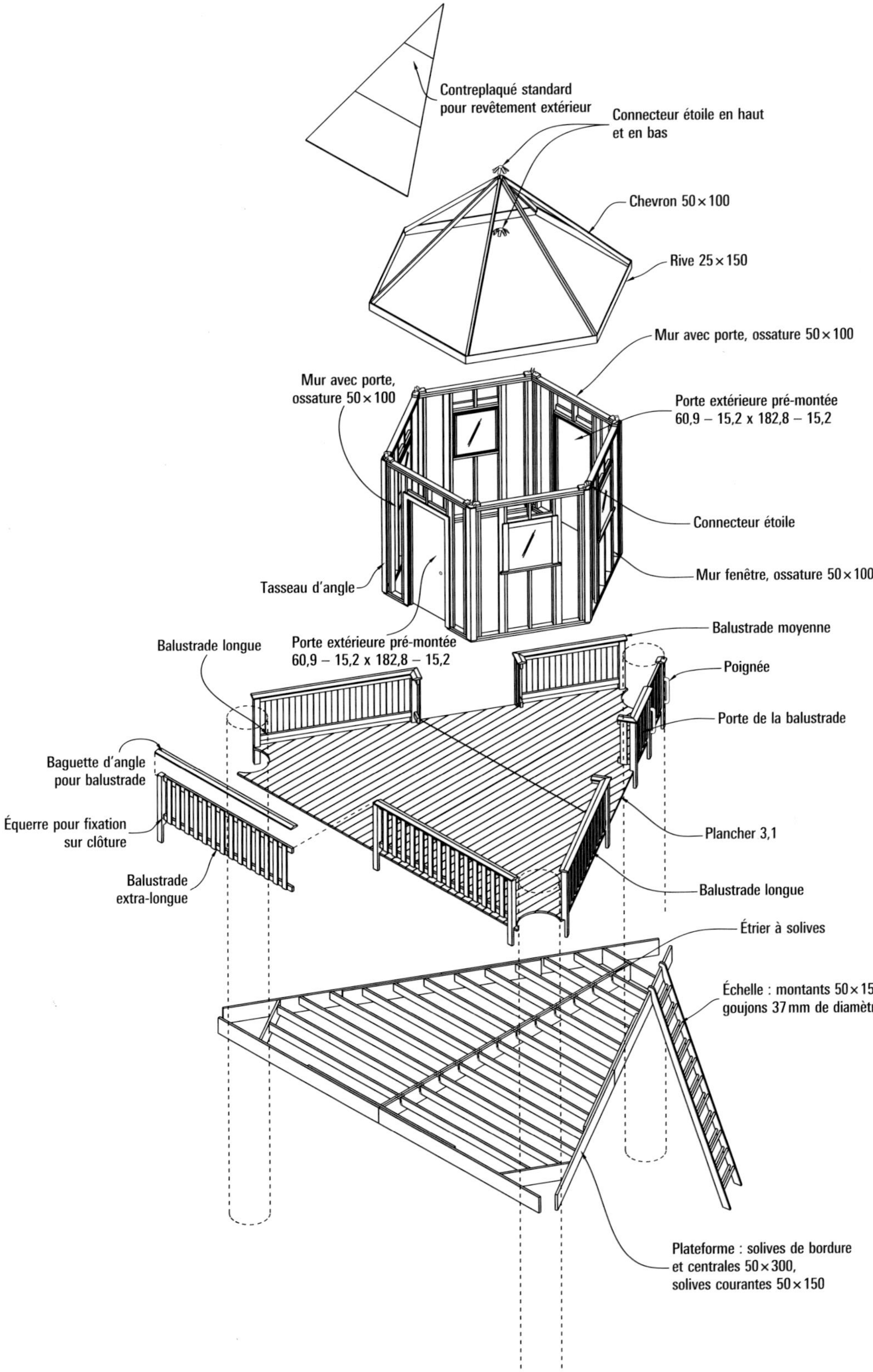

Note : bardage, bardeaux de toit et revêtement intérieur ne figurent pas sur ce plan

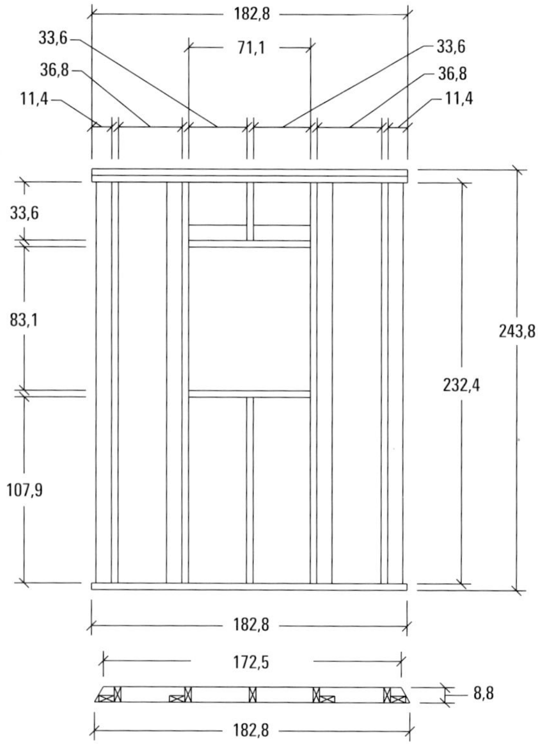

OSSATURE MUR AVEC FENÊTRE

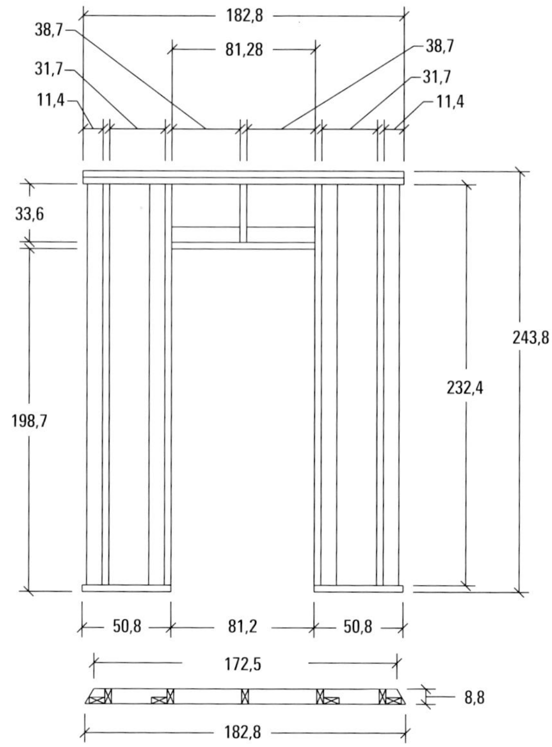

OSSATURE MUR AVEC PORTE

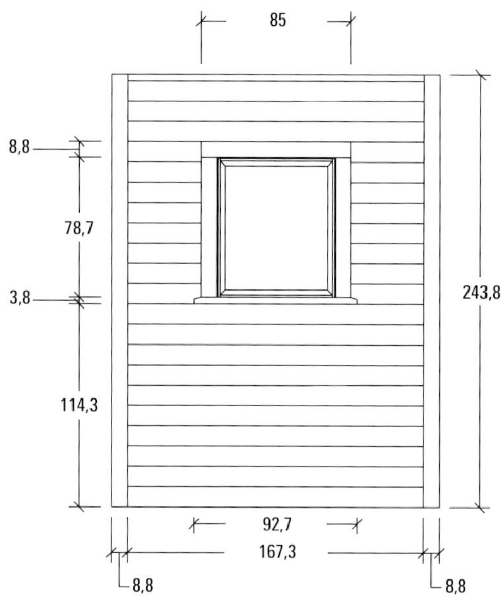

MENUISERIE ET REVÊTEMENT DU MUR AVEC FENÊTRE

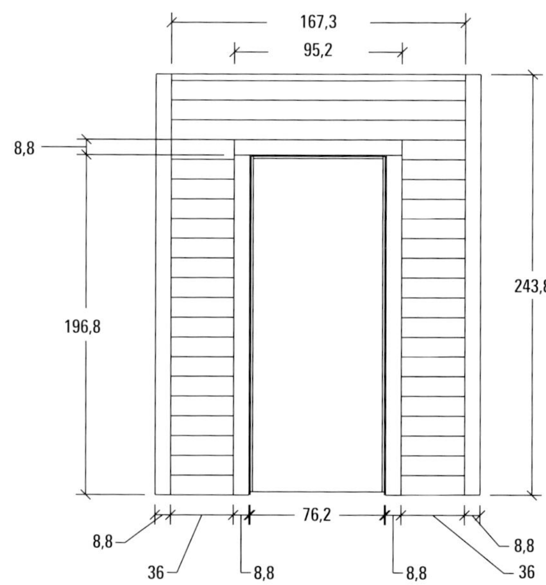

MENUISERIE ET OSSATURE DU MUR AVEC PORTE

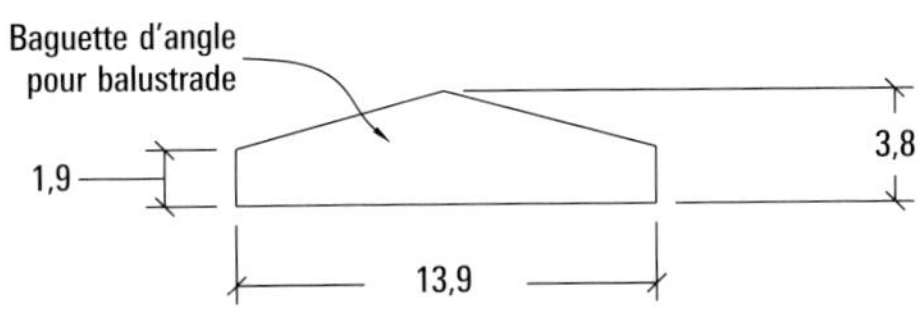

DÉTAIL, VUE EN COUPE DE LA BAGUETTE D'ANGLE POUR BALUSTRADE

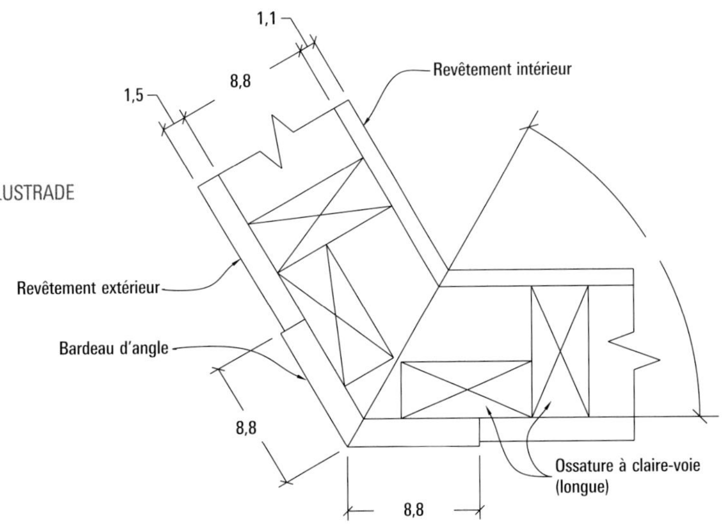

DÉTAIL, ANGLE DU MUR

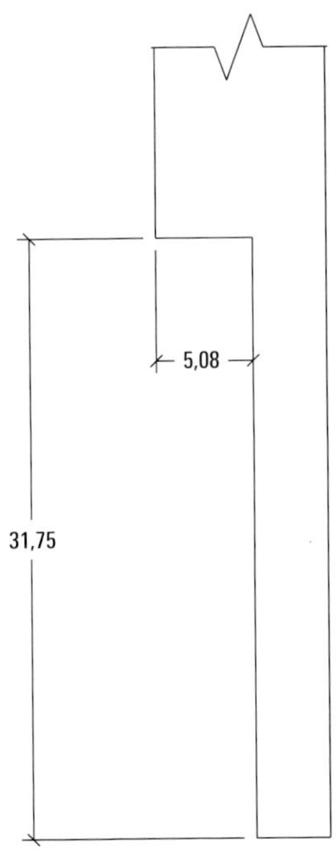

DÉTAIL, ENCOCHE DANS LE POTEAU

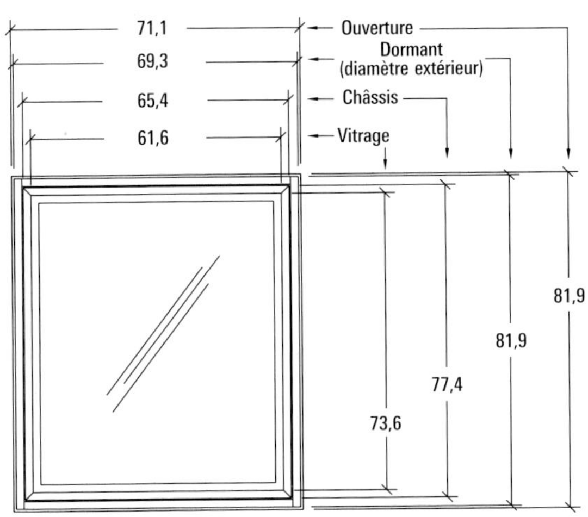

DÉTAIL, ÉLÉVATION FENÊTRE VUE DE L'INTÉRIEUR

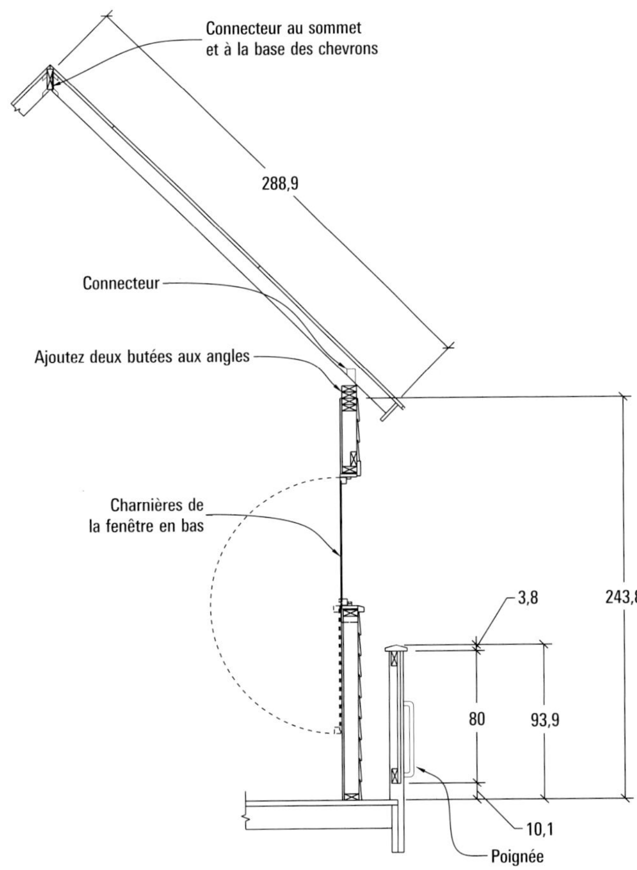

DÉTAIL, MUR EN COUPE AU NIVEAU DE LA FENÊTRE

Plan 6 : cabanes entre quatre arbres

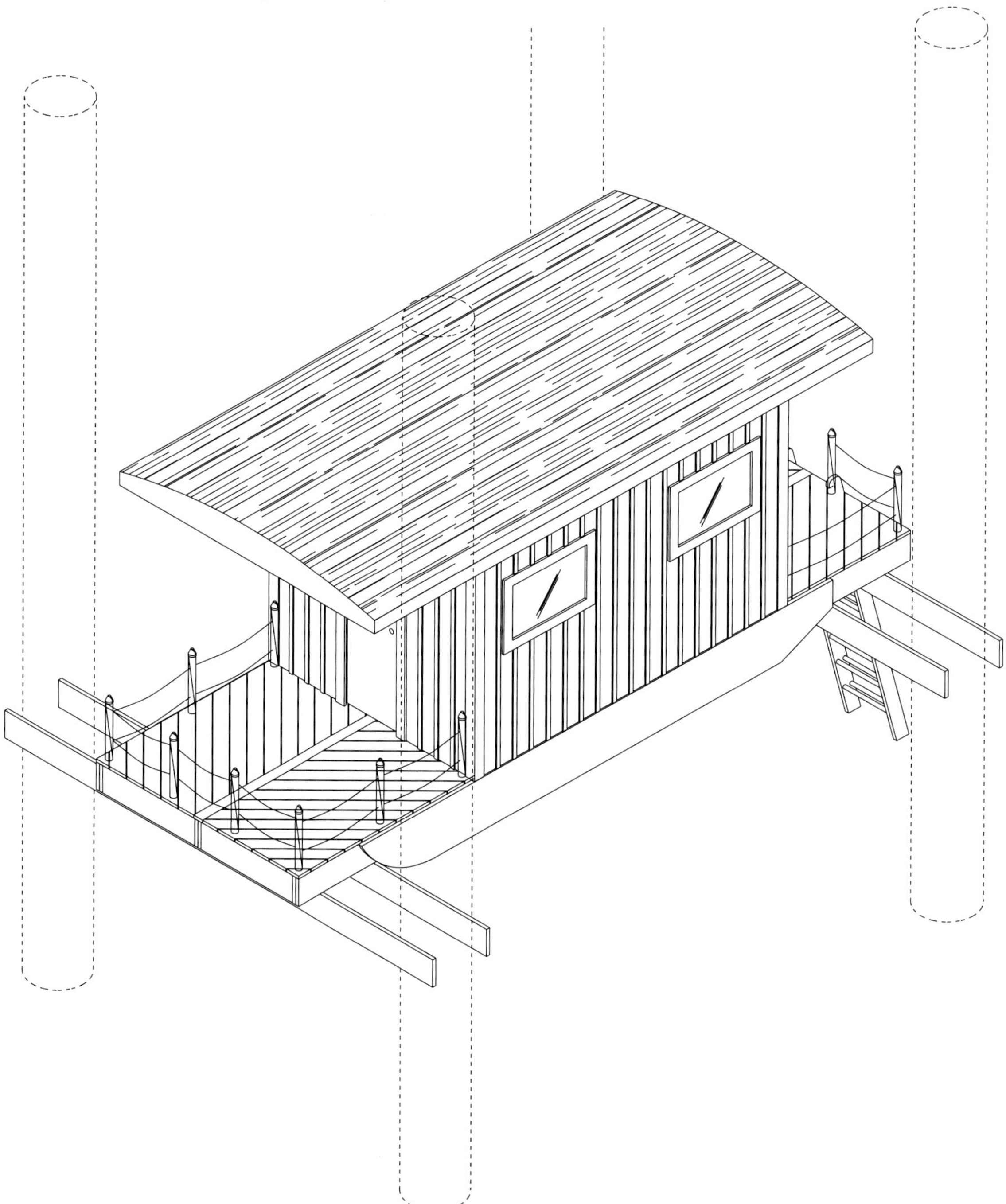

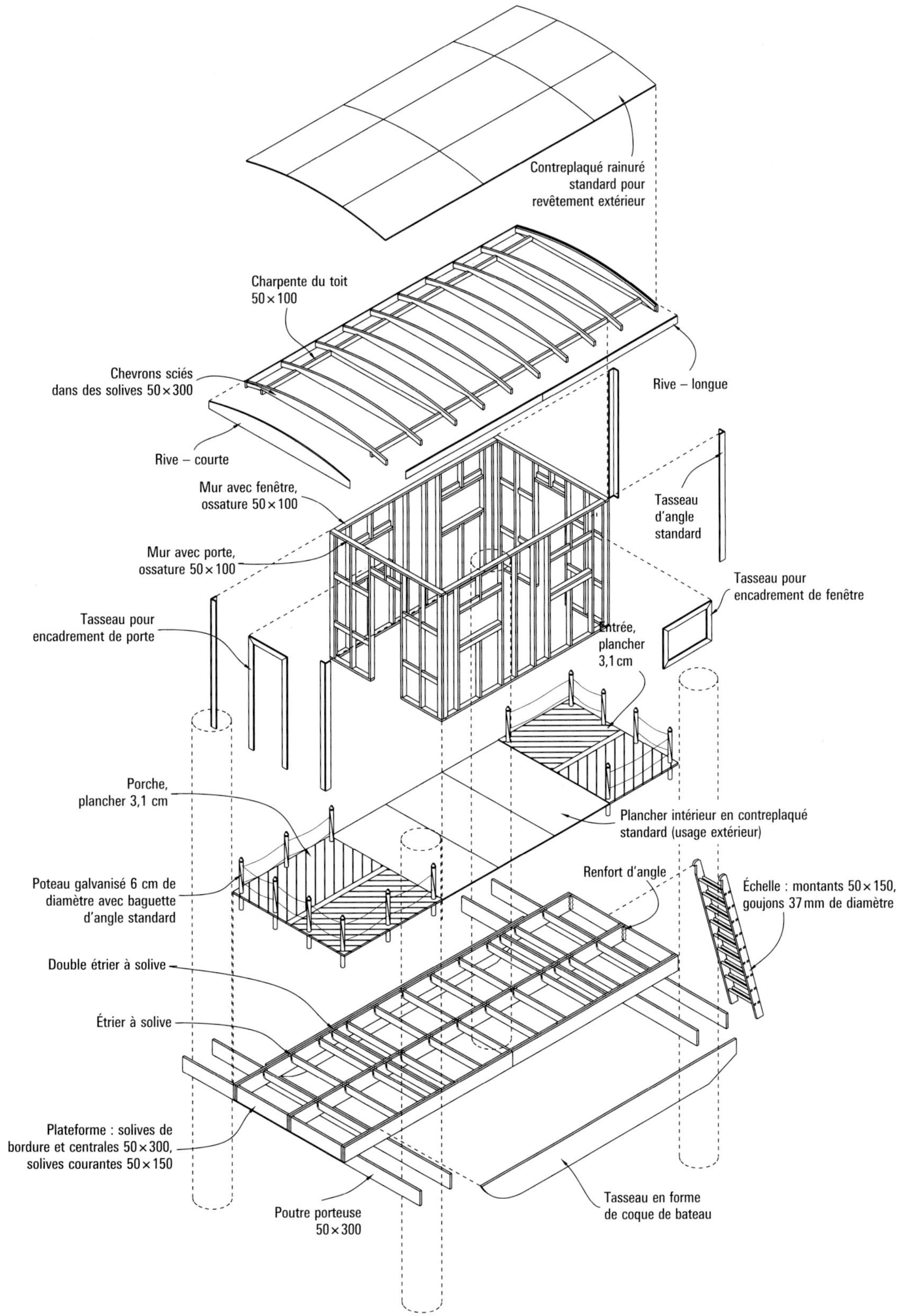

Note : bardage, bardeaux de toit, portes et fenêtres ne figurent pas sur ce plan

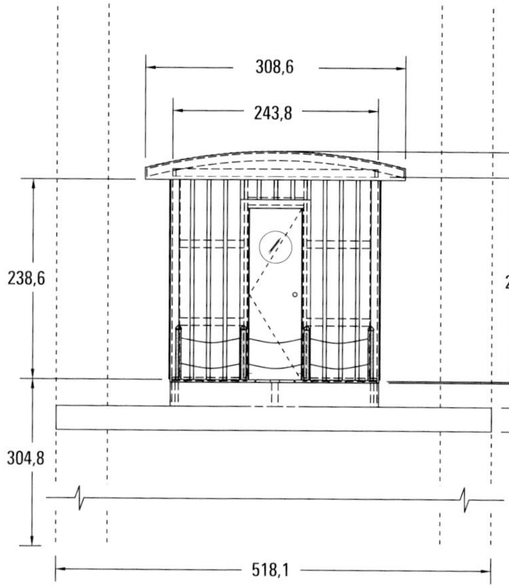

ÉLÉVATION, DEVANT/TERRASSE

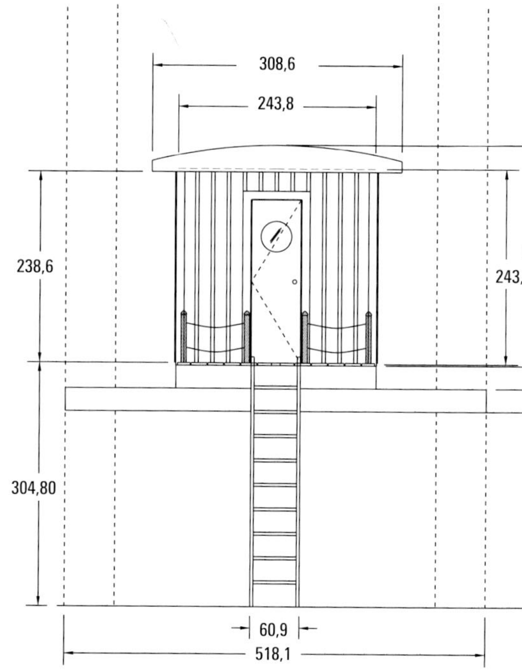

ÉLÉVATION, ARRIÈRE/ENTRÉE

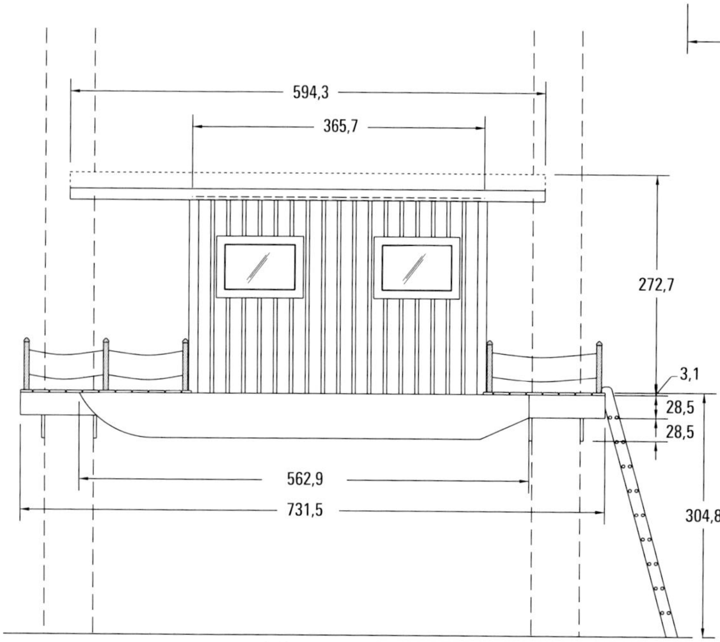

ÉLÉVATION, CÔTÉ

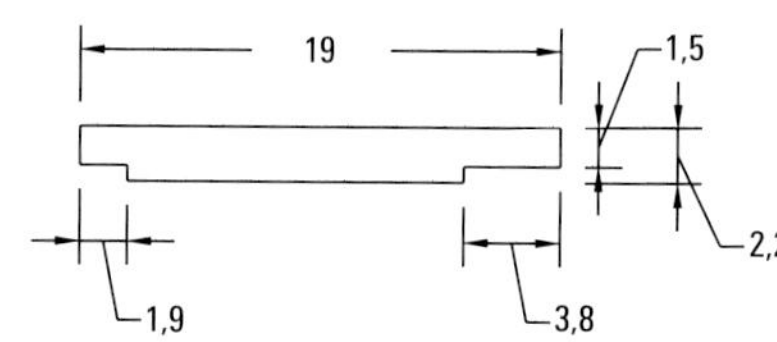

REVÊTEMENT, ANGLE DU MUR AVEC PORTE

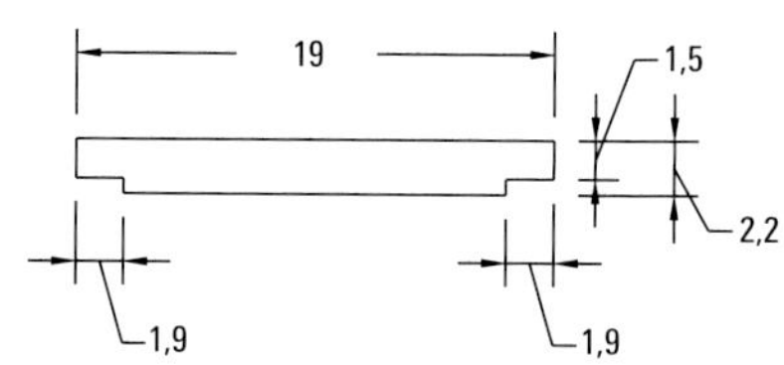

Revêtement courant

REVÊTEMENT, DÉTAILS

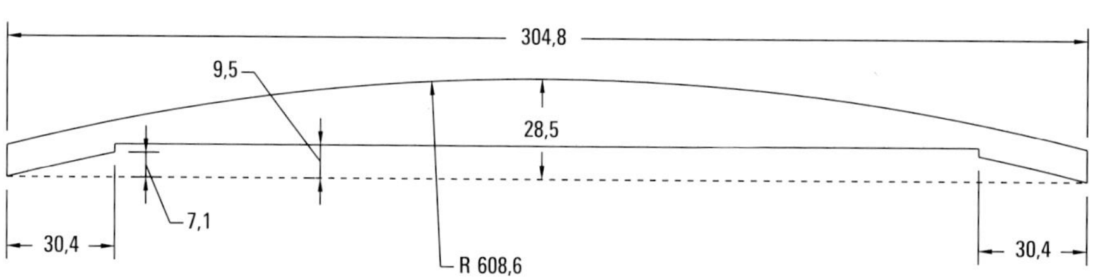

CHEVRON, DÉTAIL

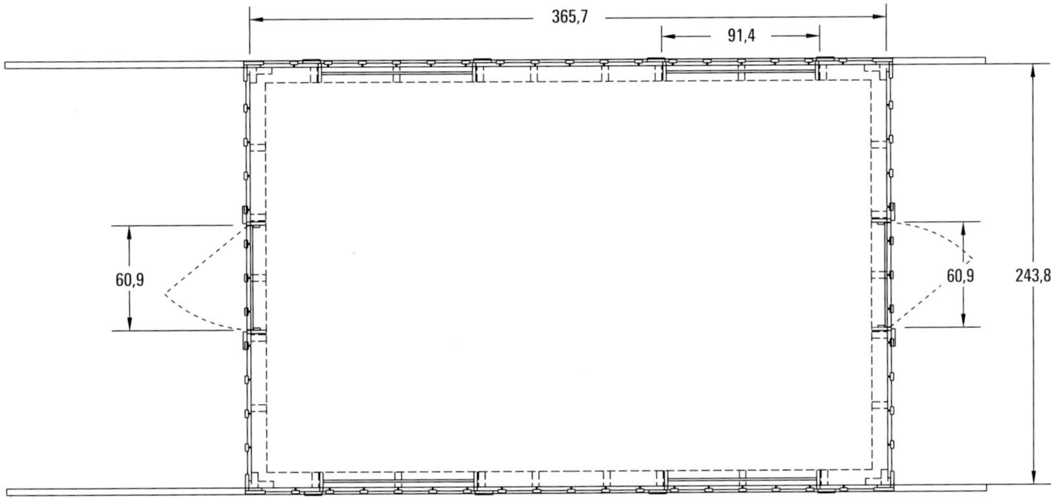

VUE DE DESSUS, OSSATURE DU MUR SEULEMENT

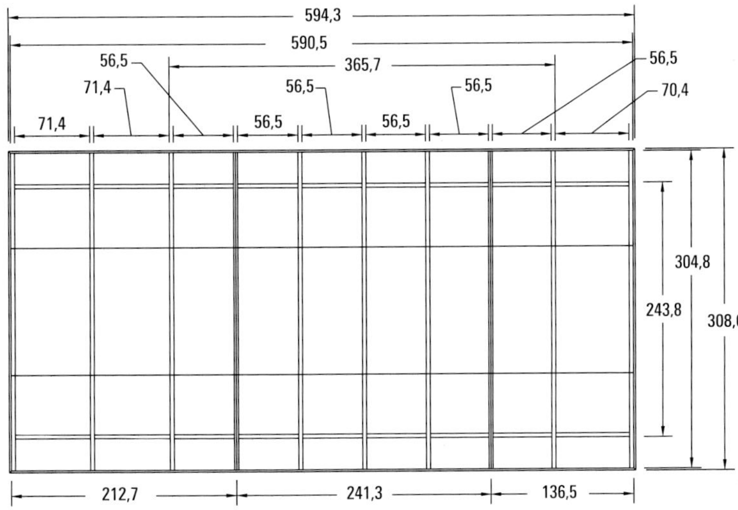

VUE DE DESSUS, CHARPENTE DU TOIT

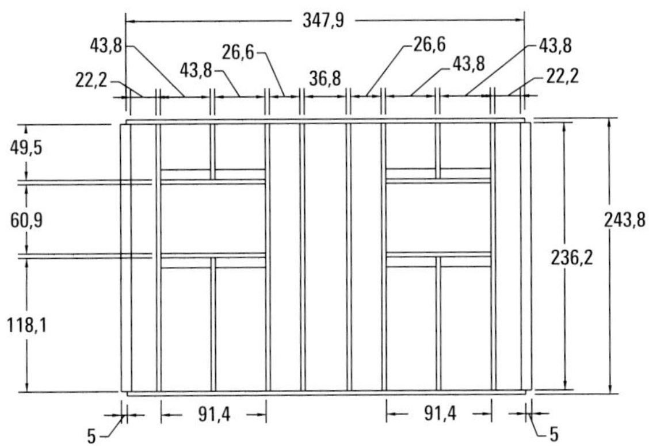

OSSATURE DU MUR AVEC FENÊTRE

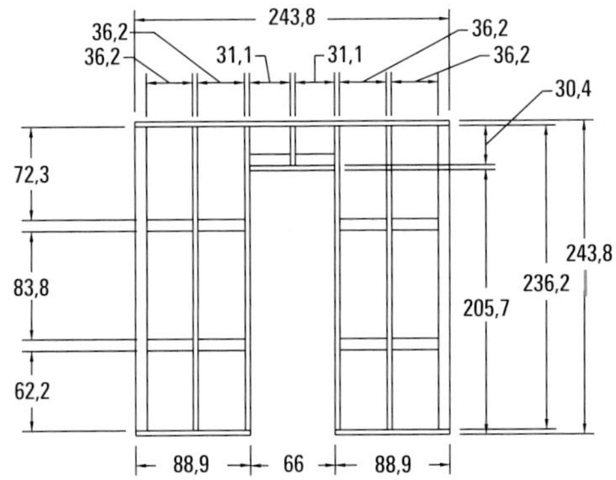

OSSATURE DU MUR AVEC PORTE

CABANES
À VIVRE

LES CABANES NATURE

Discrète, légère, toute habillée de bois, la cabane est l'espace idéal pour se fondre dans la nature, s'y ressourcer en solitaire. Au sommet d'un pin, en bord de mer ou le long d'une rivière, on y vit pieds nus, en toute simplicité, avec pour spectacle permanent le bruit de l'eau, le chant des oiseaux, la course des écureuils sur le tronc des grands arbres et le balancement des branches dans le vent. D'une surface souvent inférieure à 20 m² (donc relevant généralement d'une simple autorisation de travaux), conçue par un spécialiste ou simple abri de jardin transformé, la cabane sait s'adapter à tous les environnements, sur terre ou dans les airs, et même offrir un écrin de confort à nos envies contemplatives. Car finies les cabanes de bric et de broc, les frêles constructions de branchages qui abritaient nos jeux d'enfants : l'heure est aux maisonnettes déco !

Dans un monde de haute technicité, construire sa cabane, son refuge, est un fantasme de gosse qui fait rêver bien des adultes. Il faut néanmoins être très agile de ses mains pour réaliser une structure véritablement habitable. Du coup, surfant sur l'engouement actuel, de nombreuses entreprises spécialisées proposent des cabanes sur mesure, simples abris ou maisonnettes de bois avec tout le confort imaginable. Pour vivre en toute sécurité une expérience unique au cœur de la nature.

1

2

3

Version montagne : les écotagnes

À 1 350 m d'altitude, au cœur d'une forêt d'épicéas faisant face à la chaîne des Aravis, cette ravissante cabane (d'une surface de 12 m^2 environ) a été conçue par un jeune compagnon comme un havre de paix suspendu à 9 mètres du sol, juste au niveau des plus basses branches des grands arbres. Entièrement réalisée en épicéa et en bois de récupération, elle se veut écologique, sans eau ni électricité, et sans impact négatif sur son environnement. Équipée seulement d'un petit poêle à bois jurassien, dotée de grandes fenêtres pour profiter au maximum du panorama magnifique qui se déroule à ses pieds, elle est en outre pourvue d'une agréable terrasse et d'une longue passerelle suspendue qui court d'un arbre à l'autre comme le chemin des écureuils. Le temps soudain semble arrêté...

1-2. Fidèle au concept d'éco-logis, cette construction est conçue entièrement en bois local. Même les lit, tabouret et bureau ont été réalisés sur mesure en épicéa. Pour donner un aspect chaleureux à ce petit nid d'altitude, rideaux, plaids, couvre-lit et objets décoratifs ont été choisis dans des couleurs chaudes, dans un esprit très « montagne ».

3. Refuge nocturne et lieu de contemplation, cette cabane accrochée aux troncs d'une poignée d'épicéas comprend une simple chambre agrémentée d'une terrasse. Toilette et repas s'organisent au ras du sol, dans un chalet aménagé, afin que la cabane elle-même n'ait aucun impact négatif sur son environnement. On s'y chauffe au bois grâce à un poêle, et on s'éclaire le soir à la lueur des bougies. Magique !

Version forêt :
tutoyer les étoiles

Juchée à 18 m du sol (ce qui en fait la plus haute cabane viabilisée de France !), reliée à la terre ferme par une passerelle longue de 20 mètres, véritable pont de singe suspendu au-dessus du vide, cette cabane est à déconseiller aux cœurs sensibles ou sujets au vertige ! Construite par un ébéniste spécialiste des cabanes, elle a la particularité d'avoir été conçue comme un cocon autour du mélèze qui la porte, exclusivement avec des essences de bois locaux trouvées dans des parcs tout proches (structure en mélèze, panneaux extérieurs en épicéa du Jura, intérieur en thuya et cyprès, plan de travail en cèdre du Liban), ce qui garantit qu'elles réagiront de la même manière avec l'humidité ambiante, l'altitude et la température. Suspendue au tronc de son arbre porteur sans clou ni vis, simplement grâce à des câbles et un système de jambes de force en dessous, cette cabane est entièrement équipée pour y passer un séjour agréable : kitchenette, électricité, eau, et même un cabinet de toilettes (gaines et tuyaux sont cachés sous la passerelle). Un exploit technique pour des nuits au plus près des étoiles…

1

2

1-2. Afin d'optimiser au maximum l'espace intérieur, un mobilier léger et de peu d'encombrement a été conçu sur mesure pour meubler coin nuit, coin repas et coin toilette. Quelques touches de couleur ici et là, de nombreuses ouvertures façon bateau, et toutes les commodités d'une véritable chambre d'hôtel font de ce nid perché un cadre idyllique pour des nuits paisibles.
3. Nid ou cocon de bois, cette cabane étonnante est accrochée à une hauteur vertigineuse au tronc de son arbre porteur. Son espace intérieur complètement équipé s'enroule littéralement autour du tronc du gigantesque mélèze qui la traverse comme un rappel vivant à la nature toute proche. Une longue passerelle suspendue la relie à la terre ferme, une colline plantée de grands arbres.

3

Version bord de mer : les pieds dans l'eau

Un simple abri de jardin habilement décoré et doté d'une immense terrasse de bois ouvrant sur la mer. Un petit paradis, rafraîchi par la brise marine, où l'on vit pieds nus…

Badigeonnée de gris, la cabane en kit de 15 m^2 s'est transformée en une chambre confortable et douce à vivre, avec son lit habillé de plaids et sa salle de bains. Grande ouverte sur l'espace de la terrasse (réalisée à partir de bois de coffrage lasuré) et protégée du soleil par un auvent recouvert de canisses, on y vit en plein air, face à l'immensité bleutée.

1. Dans une harmonie de couleurs douces, cette cabane patinée par le vent se prête à merveille aux rêves de Robinson du XXIe siècle ! Nappe, chemin de table, vaisselle, drap de bain, et jusqu'au linge de lit décliné en camaïeu de mauve, tout chante la douceur de vivre sous le soleil de Méditerranée. Le mobilier choisi est simple : du teck pour résister aux embruns, une table en acier galvanisé pour le côté récup' et quelques objets de marine.

2. Cachée des regards par un cordon de brande, la grande terrasse de bois patiné par les embruns donne directement sur la plage de sable en contrebas. Et si le spectacle de la mer est un émerveillement constant, le roulement des vagues la nuit est, lui, un véritable enchantement.

1

2

1

2

Version campagne : la petite maison dans la prairie

Un coin de nature sauvage au cœur du Luberon. Une famille de jolies cabanes en bois installées au bord d'un ruisseau… Et une envie soudaine de ne plus vivre à 100 km/h, de s'asseoir au contraire dans les grands fauteuils d'osier sur la terrasse, et de regarder le temps passer, les papillons voleter dans l'air déjà chaud. C'est l'heure du petit-déjeuner…

Posés dans une grande prairie que borde un cours d'eau, ces cabanons romantiques en pin brut coiffés de branchages invitent à une escale paisible au milieu de la nature, sans autre bruit que le murmure de l'eau. Chacun abrite une chambre de bois blanc au lit recouvert d'un boutis pastel, un grand miroir, un fauteuil de rotin, une salle de bains. La décoration y est simple mais raffinée, douces les façades patinées de gris pâle, et fraîches les terrasses ombragées par une large avancée du toit bordée de lambrequins.

1-2. Dans une version cosy, avec son auvent bordé de dentelles de bois, ses fauteuils profonds en rotin et ses fenestrons à petits carreaux, cette cabane est un nid douillet faisant face à la prairie envahie de fleurs et au ruisseau chantant entre les arbres. La décoration intérieure, volontairement épurée, est aussi lumineuse et romantique que le spectacle qui l'entoure.

3. Qu'il est doux de séjourner dans l'une de ces cabanes, au creux d'un décor bucolique où le bien-être le dispute au bonheur, en tête-à-tête voluptueux avec une nature opulente !

3

Version jardin : refuge d'artiste

C'est une cabane au fond du jardin, loin des bruits familiers de la grande maison, au milieu des oliviers et des pins. Un refuge créatif tout badigeonné de rouge. Un havre de paix, le lieu des rêves et de l'échappée imaginaire, de l'inspiration et du repos. Avec sa terrasse ombragée, cette mini-maison entièrement en pin fait moins de 20 m^2 mais possède pourtant chambre, salle de bains, cuisine équipée et pas moins de quatre couchages ! Construite entièrement par son propriétaire, c'est donc un lieu de vie confortable et chaleureux, harmonieusement décoré d'objets de brocante, de souvenirs de famille, de linge fleuri et de meubles peints.

1. Instant précieux où l'on s'installe, aux chaudes heures du jour à l'abri de l'auvent de bois, le nez perdu dans l'enchevêtrement végétal tout bruissant de cigales, pour coucher sur la toile ses rêveries marines ou fleuries, se régaler d'un bon livre, ou imaginer son prochain voyage lointain !

2-3-4-5. Dans son habit de bois blond, la cabane est une maison de poupée au décor douillet : meubles de bois et tissus imprimés, auxquels les tableaux et les boiseries peintes apportent une touche supplémentaire de douceur.

1

2

3

4

5

La cabane du trappeur

Nous ne sommes pas dans le Grand Nord canadien, mais au creux des monts du Jura, dans une cabane pour amateurs de nuits insolites dans un cadre… authentiquement naturel ! Une vraie cabane de trappeur, charmante et conviviale, dans son habit de rondins d'épicéa. Montée sur pilotis pour échapper à l'humidité et aux visiteurs nocturnes, elle peut accueillir quatre couchages dans ses 20 m² bien pensés. L'intérieur a été décoré avec soin par la maîtresse des lieux de meubles faits maison eux aussi et d'objets chinés, avec une touche « petite maison dans la prairie » qui nous fait craquer. Joli linge de lit et rideaux de fabrication artisanale, frises décoratives en bois et chaussons en fausse fourrure pour les petits pieds, authentiques raquettes québécoises et vaisselle colorée chinée aux puces de Lyon composent une ambiance d'un charme fou.

2

3

1. Conçue entièrement en épicéa (l'essence locale), cette cabane a le charme des constructions réalisées à la main, avec sa terrasse ouverte, sa frise de toit et son grand escalier. Elle abrite dans une ambiance très chaleureuse une chambre en alcôve, deux lits superposés, une table à manger et même des toilettes sèches. Les repas se préparent dehors sur le feu de bois.

2-3. Du sol au plafond, le bois a la part belle dans la décoration de cet espace de quelques mètres carrés. Plein de charme et de créativité, l'aménagement intérieur joue la carte du « chalet de montagne » avec son mobilier de bois fait main, ses jolis objets chinés, ses astuces de rangement et ses tissus imprimés. Dans l'angle des deux fenêtres, un poêle à bois apporte la dernière note de chaleur à ce petit nid tout mignon.

LES CABANES SURÉLEVÉES

Sur les traces du Baron perché, la cabane se fait refuge surélevé, juchée sur pilotis ou accrochée aux branches des arbres, pour s'affranchir du quotidien et regarder plus loin... Ainsi protégé du monde extérieur, on aime s'y retirer pour lire ou pour pêcher, rêver et oublier un peu le bruit de la ville... Isolée du sol, de l'humidité et des petits animaux, elle s'affranchit aussi des saisons, devient étonnante maison de pêcheur, refuge d'ornithologue ou insolite manoir miniature, et sait se faire étonnamment confortable... quitte à ne pas nous laisser redescendre sur terre!

Lorsque le soleil glisse sur le lac, l'instant est à l'humilité devant tant de beauté, le regard perdu sur l'immensité verdoyante et la canne plongée dans les eaux sombres pour y dénicher quelque carpe monstrueuse ou un petit gardon agile peut-être...

Sur pilotis : élégante tchanquée

Reproduisant l'architecture typique des fameuses cabanes « tchanquées » du bassin d'Arcachon, cette charmante construction malgré ses presque 60 m² n'en garde pas moins son esprit de cabane, notamment grâce à une décoration originale. Réalisée en sapin de France et bois Douglas sur une plateforme en sapin rouge, elle est entièrement habillée de sapin du Nord (à l'intérieur comme à l'extérieur). Pour ajouter une discrète touche « cabane de trappeur », plusieurs éléments arborent même l'écorce grisée du bouleau, notamment sur les deux poteaux de la terrasse, le plan des vasques de la salle de bains et les deux petites armoires encadrant le lit. Une ribambelle de beaux objets chinés complète cette ambiance élégante et chaleureuse de « chalet de campagne ».

1. Originale avec son toit à quatre pentes typique du Sud-Ouest, son auvent soutenu par des fustes de bouleau non écorcées, et ses pilotis pareils à des fagots de bois, cette cabane est un compromis original entre envie de nature et souci de confort.

2-3. Décor enchanteur et volume étonnant ! Ici, tout a été pensé dans les moindres détails pour un confort absolu dans une harmonie de belles matières, de tons naturels et de détails faisant référence à la pêche !

1

2

3

Sur la terre et sur l'eau :
fuste pour pêcheur

Avec ses fûts entiers en sapin de Douglas et sa toiture en tôle plate pour supporter la neige, cette construction a tout d'une cabane au Canada ! Construite sur pilotis au bord d'un étang créé de toutes pièces, c'est un refuge enchanteur pour les amateurs de calme et de pêche. Teinté et verni, le bois omniprésent apporte une note chaleureuse et intimiste à la décoration intérieure, rehaussée encore par un mobilier tout bois et des tonalités de rouge et jaune. Parfaitement isolée et pourvue d'un beau poêle (à bois bien sûr !), cette cabane peut même affronter les hivers rigoureux !

1

2

1-2. Été comme hiver, ces cabanes peuvent accueillir les passionnés de nature et de pêche à la ligne. Entièrement réalisées en rondins de pin Douglas, elles sont perchées à quelques centimètres de l'eau sur des pilotis de béton.

3-4. Assemblés en queue d'aronde, les rondins entiers forment un décor doux et chaleureux réservant de jolies surprises, comme ce chevet creusé à même le bois. Mobilier de bois et linge brodé renforcent l'ambiance de douceur et de cocooning.

3

4

Assise sur un arbre : folie perchée

À l'orée d'une vaste clairière, posée sur les branches d'un vénérable chêne, une construction unique que sa toiture à la Mansart et ses deux niveaux rendent incroyablement originale ! Mais la surprise se niche aussi à l'intérieur, car les branches du chêne traversent purement et simplement les deux étages de la cabane ! Une intrusion feuillue empreinte de poésie qui s'accorde parfaitement avec le charme champêtre de la décoration : voliges cérusées sur les murs, mobilier et escalier de bois, petits objets de campagne, boutis et plaids couleur terre, etc.

1-2. Dans un harmonieux mélange de bois brut et de lambris cérusés de blanc, l'espace intérieur offre un tableau très composé, avec un choix décoratif plein de charme. Objets chinés y côtoient des éléments sur mesure, ainsi qu'une sélection de textiles aux tons naturels très doux.

3. Cette incroyable réalisation est l'œuvre d'un ébéniste passionné qui souhaitait créer une véritable gentilhommière dans le plus gros chêne de son jardin. Une construction exceptionnelle avec son toit à la Mansart, ses deux niveaux et ses presque 40 m^2 !

1

2

3

1

2

3

4

Montée sur «échasses» : insolite datcha

Pour profiter du spectacle des oiseaux et de la forêt alentour, quelle plus charmante idée qu'une cabane juchée sur pilotis ! Réalisée en madriers de fuste emboîtés en queue d'aronde (en pin de Saint-Pétersbourg, très dense), celle-ci ressemble à une datcha perchée sur échasses, un caractère insolite rehaussé encore par les marques des pièces de bois encore visibles sur la tranche. À l'intérieur, les 20 m² de surface habitable ont été habilement aménagés pour accueillir un coin nuit, une petite salle d'eau et une pièce à vivre avec cuisine où, comme dans un bateau, chaque espace est utilisé au mieux. Décorée de linge basque dans des teintes de rouge et d'orange (rideaux, coussins, frise en tissu à espadrilles, nappe, coussins, etc.), cette robuste cabane est parfaitement équipée et isolée pour accueillir ses hôtes été comme hiver.

1. Inspirée des poulaillers perchés des landes de Gascogne, cette drôle de cabane montée sur échasses a été construite par une entreprise franco-russe à partir de pins de la région de Saint-Pétersbourg équarris et emboîtés en queue d'aronde. Outre le panorama exceptionnel sur la nature alentour, sa surélévation lui confère une bonne ventilation ainsi qu'une protection contre l'humidité et les xylophages. Dotée d'un escalier d'apparat en lieu et place de l'échelle traditionnelle, c'est une maison véritable avec cuisine, chambre, salle de bains et terrasse.

2-3-4. Il aura fallu 20 tonnes de bois et 3 semaines de construction pour bâtir cette petite merveille. Entièrement en bois, isolée avec de la laine de mouton, son aménagement intérieur est un mélange entre la cabane de bûcheron et la roulotte tzigane, astuces de rangement comprises. Illuminée par de longues ouvertures «paysagères», c'est un lieu de confort et de bien-être absolus.

Dans un bouquet de feuillus : chaumière au creux des bois

1

2

Nul besoin d'être haut perché pour voir la vie d'en haut ! Cette adorable cabane culmine à tout juste 1,50 m de hauteur et pourtant, on y a l'impression de vivre au creux des arbres. Il est vrai que le tronc de l'un d'eux passe carrément en son milieu, et on peut y assister à l'arrivée du printemps avec la naissance des premières feuilles. Entièrement « fait main », ce charmant petit nid lové autour d'un arbre central a été monté sur un plateau en hêtre et habillé de pin Douglas à l'extérieur (parce qu'imputrescible et fongicide) et d'épicéa à l'intérieur.

Pour une nuit tout confort au creux des bois, cette maison miniature abrite un lit double tout douillet, un coin repas ou bureau, et une jolie terrasse pour prendre le soleil !

1. Lovée autour du tronc qui la supporte et la traverse, cette cabane octogonale aux cloisons de bois clair est décorée avec goût dans une harmonie de couleurs chaudes et de matières naturelles. Linge immaculé, couvertures douillettes, guirlandes textile et mobilier fait main s'accordent harmonieusement aux objets patinés par les ans, chinés dans les brocantes alentour.

2. Une terrasse culminant à 1,50 m du sol permet de s'installer au soleil entre les branches de l'arbre pour un petit-déjeuner en pleine nature ! Loin de toute sophistication, le mobilier a été choisi pour son charme et son authenticité, tandis que coussins, plaids et rideaux ont été réalisés dans un atelier artisanal.

3. Construite avec le bois des environs, cette cabane est juchée sur un plateau à 1,50 m de hauteur pour l'isoler de l'humidité du sol et bénéficier de la fraîcheur des frondaisons l'été.

3

LES CABANES HAUT PERCHÉES

Qui n'a jamais rêvé de dormir entre les branches d'un vieux chêne, suspendu entre ciel et terre, les yeux perdus sur le moutonnement verdoyant d'une immense forêt? De pique-niquer sur une terrasse à 6 m du sol; de savourer un bon livre bercé par le chant des oiseaux tout proches? D'oublier, l'espace de quelques heures ou d'une nuit d'été, la trépidation du monde pour profiter seulement du spectacle de la vie, écouter la musique de la nature, et contempler, jusqu'à oublier le temps qui passe, les responsabilités et les contraintes. Redevenir, l'espace d'un instant, l'enfant que nous avons été avec ses rêves d'aventurier solitaire... Depuis quelques années, les cabanes perchées sont à la mode. Il suffit d'un grand arbre solide au fond de son jardin, et le rêve d'altitude devient réalité! Bricolés «maison» ou fignolés comme des chalets, ces nids de loisirs se multiplient au creux des arbres, cabanes de rêveurs ou chambres d'hôtes tout confort qui s'arrachent de Pâques à novembre. Il faut dire qu'on y dort merveilleusement bien, bercés par le souffle du vent...

À la fourche d'un arbre vénérable, l'heure n'est plus au tumulte et au stress, mais au bien-être et aux charmes de l'enfance. Bottes en caoutchouc, canne à pêche et pique-nique attendent sagement la fin du petit-déjeuner pour une journée mémorable en pleine nature!

Chambre
à l'étage...

Il existe en France plusieurs « inventeurs » de cabanes perchées. Chacun d'eux a développé un style architectural propre, un état d'esprit particulier. De la cabane « écolo » sans eau ni électricité que l'on rejoint à plusieurs mètres du sol grâce à une corde et un baudrier, à la maisonnette tout confort avec sa terrasse panoramique, en passant par la cabane « de lutins » et son mobilier rigolo, tous les rêves sur mesure sont permis !
Ici, au cœur du Haut-Var, l'un d'eux a imaginé pour d'heureux propriétaires ce nid de 9 m² en red cedar (un bois imputrescible qui ne demande aucun entretien) avec sa jolie terrasse ronde que traverse une des branches du chêne sur lequel elle s'appuie (sans l'abîmer !), et sa toiture en tavaillons d'épicéa taillés à la main. L'intérieur a été aménagé comme une chambre d'amis avec un lit, un bureau, et quelques étagères. Un transat sur la terrasse, un panier pour le pique-nique du midi... et le plaisir simple de vivre en pleine nature, comme un chasseur... de rêves.

1. Profitant de la pente du terrain et de la présence d'un groupe de chênes, la cabane a été construite sur mesure pour épouser parfaitement la configuration des troncs, s'appuyant sur eux sans les meurtrir ni les empêcher de grandir.
2-3-4. 9 m² intérieurs et 9 m² de terrasse composent l'espace perché à 6 m du sol de ce refuge arboricole. Équipé de volets basculants en guise de fenêtres et d'une toiture en tavaillons de bois, il bénéficie d'un aménagement intérieur sur mesure en red cedar, très simple mais fonctionnel, composé d'une banquette lit, d'un bureau d'angle et de quelques étagères pour accueillir les livres des dormeurs de passage.

2

3

4

Sur un arbre haut perchée...

Quelle jeune fille n'a pas rêvé d'une cabane tout en haut du plus grand arbre du jardin, aussi inaccessible que la plus haute tour d'un château? Sauf peut-être pour les princes charmants qui n'ont pas le vertige... Ici, le défi de ce rêve romantique a été relevé pour concevoir cette incroyable cabane accrochée au tronc d'un immense cèdre à 14 mètres d'altitude. On y accède par un magnifique escalier en colimaçon (digne vraiment du donjon d'un château!) qui débouche sur une vaste terrasse surplombant un panorama verdoyant. Tour de guet, refuge intime des rêveries d'une jeune princesse, cet espace de 8 m² a été réalisé en red cedar à la jolie teinte blonde, y compris l'aménagement intérieur (lit, bureau, tabouret).

1. Équipée de véritables fenêtres et d'un réseau électrique, cette chambre perchée est un refuge intime où la jeune fille de la maison prend plaisir à venir jouer, dessiner, rêver, lire et même dormir lorsque le vent ne souffle pas trop fort!

2-3. Enroulé autour d'un axe central, un magnifique escalier hélicoïdal se cache dans l'ombre du grand cèdre et permet d'accéder, 14 mètres plus haut, à la terrasse qui ceint la cabane sur deux côtés.

1

2

3

Douceur scandinave

Au pied du mythique village de Saint-Paul-de-Vence, on trouve une poignée de jolies cabanes nichées dans les arbres. Perchées à quelques mètres de hauteur au niveau des frondaisons, on y accède grâce à un escalier pentu. Ces habitations aux festons de bois et volets travaillés sont reliées entre elles par des passerelles suspendues entre deux arbres. De petites terrasses, noyées au milieu du feuillage, permettent de s'installer pour profiter du paysage. Un rêve de Robinson dans un décor étudié, très « écolo », à la fois sobre et doux : bois brut, matériaux naturels, tons poudrés de lin, laine et bois clair, objets chinés ou fabriqués sur mesure. On y vivrait…

1. Dans un décor de bois brut et de plancher cérusé, mobilier, objets et textiles se fondent dans une même harmonie de couleurs suaves et de douceur moelleuse. Édredons de plume, plaids de laine vierge, rideaux de lin se mêlent aux meubles de bois, aux paniers de rotin et aux appliques en bambou dans une atmosphère de simplicité toute naturelle.

2. Avec ses festons de bois, sa passerelle courant entre deux troncs d'arbres et ses décorations sur les volets et les portes, cette cabane perchée est un ravissement pour les enfants, un lieu enchanteur où les rêves n'ont plus de limites et les lutins, plus de secrets…

2

Confort au sommet

Perchée dans les frondaisons d'un grand pin comme un drôle de nid douillet, cette magnifique construction en cèdre rouge du Canada a tout d'une véritable maison, la vue en plus ! Surplombant les vallons boisés du Luberon, elle offre à ses hôtes ravis un confort et une décoration raffinés, tout autant qu'une position privilégiée et une agréable intimité que dérangent seulement quelques voisins… écureuils. Sa terrasse arrondie laisse passer sans les blesser les branches du pin qui la supportent, accentuant encore l'impression d'être suspendu dans les airs…

Dans leur beau décor de bois blond, chambre et salle de bains font oublier, tant elles sont confortables, que l'on se trouve dans un arbre, à six mètres du sol ! Déclinée dans un camaïeu de beige, blanc et brun, l'ambiance est douce et chaleureuse : lustre ancien, fauteuils capitonnés, rideaux de toile écrue, boutis de velours chocolat et gros coussins assortis contribuent à créer une ambiance très cosy.

1-2. Véritable vigie surplombant les forêts du Luberon, cette cabane perchée s'ouvre sur une magnifique terrasse arrondie comme la proue ventrue d'un bateau. Pourvue en eau et électricité, chauffage et eau chaude, on accède à cette maisonnette grand luxe par un escalier pentu protégé par un garde-corps. Et les paniers de petits-déjeuners sont montés à l'étage grâce à un système de poulie !

3-4-5. D'une élégance étonnante pour une cabane dans les arbres, l'espace de 20 m^2 a été subtilement meublé dans un esprit campagne chic, avec un doux mélange de fauteuils capitonnés, mobilier ouvragé, boutis de velours et rideaux doublés.

2

4

3

5

1

2

3

Rêves d'enfants

Des cabanes qui semblent sorties tout droit des contes pour enfants, accrochées aux troncs d'arbres centenaires ! Une toiture pentue en brande de bruyère, une douce rondeur, des fenêtres rigolotes, des silhouettes d'animaux, des escaliers en colimaçon quand ce ne sont pas des échelles de corde... Ces cabanes-champignons jouent à fond la carte de l'imaginaire et de l'aventure dans les arbres. Sans eau ni électricité, mais avec une déco créative et agréable, elles accueillent les rêves aériens de jeunes mariés ou de familles aventureuses, le temps d'un week-end loin de l'agitation du monde...

1. Amarrées sur un arbre remarquable (ou une série de ligneux plus modestes), ces constructions sont posées sur des plateformes suspendues à plus ou moins haute altitude, isolées ou parfois reliées entre elles par un réseau de passerelles. Endroits de rêve où le temps s'arrête un instant, suspendus dans les airs, lieux uniques où l'imaginaire grandit et les perspectives se dessinent sous d'autres angles...
2-3. Un oiseau par-ci, un hublot-champignon par-là, une échelle de singe, une cloison percée de feuillage, des fenêtres biscornues, des toitures qui penchent, des escaliers tarabiscotés... Le rêve est partout, l'évasion garantie, surtout lorsque le soir tombe et que l'on se retrouve là-haut, entre terre et ciel, avec pour lumière la clarté de la lune. Féerique !

LES CABANES EXOTIQUES

Sous bien des latitudes, la cabane tient lieu d'habitation principale, construction de bambou tressé ou de teck, hutte de branchages ou paillote de bois flotté. Simple à vivre, ouverte sur l'extérieur, elle s'apparente aussi aux yourtes et autres habitations de toile de peuplades soumises à des climats plus austères, habitat éphémère démontable quand il en est besoin. Appréciées pour leur esthétique exotique et la part de rêve qu'elles véhiculent indéniablement, ces constructions légères font une entrée remarquée dans l'univers du jardin, annexes originales proposées pour y inscrire une chambre d'amis ou une salle de jeux, un pool-house ou un bureau, aux architectures originales et très décoratives.

Les pieds dans le sable ou la tête dans les nuages, la cabane est un lieu qui fait voyager… en rêve. On aime y vivre comme sous les tropiques, avec simplicité, débarrassé de nos besoins habituels, de nos lourdeurs quotidiennes, du téléphone et de la télévision, de la montre et de l'ordinateur !

Safari nature

Loin de l'agitation du littoral, voici une chambre d'hôtes peu ordinaire, au cœur d'une ferme découverte : un habitat hybride mi-tente berbère, mi-cabane sur pilotis dans l'esprit des écolodges africains ! Sur une plateforme en sapin offrant une magnifique vue panoramique sur le vallon, une grande tente de coton blanc développant une surface de 35 m^2 a été montée, protégée par un sur-toit imperméable, et jumelée avec une construction de bois abritant la salle de bains. Décoré avec goût de mobilier et d'objets de brocante chinés et patinés, ce lodge peut accueillir quatre personnes dans une ambiance elle aussi hybride, entre raffinement et bivouac ! Confort baroque, esprit écolo, immersion totale dans la nature... L'évasion en plein cœur des Alpes-Maritimes.

1. La petite cabane de bois attenante accueille une salle de bains en version « nature », toute de bois et d'objets chinés, avec un grand abreuvoir en guise de baignoire et deux seaux en zinc pour lavabos.

2. De forme octogonale, la grande tente blanche a pris place sous un auvent de toile brune montée sur une structure en bois. Une vaste terrasse permet de profiter pleinement du soleil et du panorama.

3. L'intérieur de cet écolodge offre à ses visiteurs un confort vraiment surprenant pour une structure légère de ce type, avec un sol recouvert d'un tapis en fibres de coco et une décoration aboutie. Mobilier chiné, patiné, paniers d'osier gansés de coton, lustre baroque, couverture moelleuse et objets artisanaux composent une atmosphère très chaleureuse qui donne envie de poser définitivement son sac à dos.

1

2

3

1

2

3

Pagode zen

Fascinante réalisation que cette cabane pagode très zen en plein cœur du Jura, réalisée entièrement en bois locaux (thuyas sur les murs, mélèze pour la structure, épicéa pour l'intérieur, acacia pour l'escalier et la terrasse), avec sa forme ronde et son lanternon. D'un diamètre de 5 m, dotée d'une terrasse de 6 m^2 ouvrant sur la forêt d'épicéas, elle est perchée sur quatre pilotis pour en assurer l'isolation du sol. Équipée d'une cuisine et d'un bloc sanitaire complet, cette cabane dispose d'un espace de vie circulaire, ample et lumineux, qui en fait un lieu de séjour très prisé. Le choix de bois très clairs et odorants en accentue encore l'agréable sensation de douceur.

1-2. Dressée dans un bosquet de grands arbres à l'orée d'une immense clairière, cette construction surprend par sa forme en bol et sa toiture d'inspiration chinoise. Elle s'ouvre sur le paysage en contrebas par une grande baie vitrée. Réalisée entièrement en bois locaux (mélèze, hêtre, etc.), sa façade est habillée d'un tapis de tavaillons de bois chevauchants, d'un bel effet graphique.
3. Inspirée de l'architecture chinoise, cette cabane a nécessité une charpente avec appuis en aiguille et 16 pans de murs inclinés pour obtenir cette forme particulière. Elle est aussi coiffée d'un étonnant toit parapluie surmonté d'un lanternon vitré, qui confère une belle luminosité zénithale. Cette structure particulière lui confère un volume intérieur aéré et lumineux, dans lequel s'inscrivent aisément un espace nuit, une cuisine entièrement équipée avec un coin repas et même un bloc sanitaire clos.

1

Véritable javanaise

Deux passionnés d'architecture indonésienne du début du XXe siècle se sont lancés dans une aventure étonnante : acheter des maisons anciennes dans des villages reculés de Java, les démonter pièce par pièce avant de les faire restaurer par des menuisiers locaux (qui utilisent pour cela des bois anciens) pour finalement les acheminer en France. Une initiative d'ampleur pour sauver de la disparition ces cabanes exceptionnelles, ces merveilles toutes de teck ancien, patiné, durci par les ans, à la poésie et au charme indéniables.

Avec sa varangue ouvragée dont il subsiste quelques couleurs et sa toiture pentue habillée de tuiles de teck, cette jolie javanaise est ainsi venue se poser dans un jardin varois à l'ombre des grands palmiers, pour devenir une maison d'amis accueillante et raffinée, décorée de meubles d'inspiration coloniale.

2

3

1. Avec son toit trapézoïdal (ou joglo) en tavaillons de bois et sa grande varangue fermée par des garde-corps ajourés, cette cabane javanaise est une habitation très agréable sous des climats chauds, car naturellement ventilée. Entièrement construite en bois (du teck le plus souvent), elle offre un espace de vie de plus de 40 m^2 au charme exotique.

2-3. Entièrement reconstituée (et rénovée pour les parties abîmées ou manquantes avec du bois de teck de récupération), cette javanaise a conservé son charme singulier, ses couleurs chaudes, sa lumière si particulière. Maison d'amis ou annexe transformée en bureau, extension posée près d'une piscine ou maisonnette de vacances en bord de mer, son espace à vivre permet de la meubler selon ses envies, en toute liberté!

Tout bambou

De 4 à 18 m², ces habitations inspirées des maisons balinaises sont construites sur pilotis, en bambou et cocotier, ne nécessitent pas de permis de construire et sont montées en quelques heures. Esthétiques, confortables, ces charmantes cabanes exotiques s'inscrivent aussi dans une démarche volontairement écologique. Utilisées comme espace de jeu pour les enfants, chambre d'amis, atelier ou bureau caché, elles s'intègrent harmonieusement dans un jardin ou même au bord d'une piscine, véritables éléments décoratifs au charme évocateur.

Naturellement résistant, très décoratif lorsque tressé, le bambou permet bien des audaces architecturales et une souplesse d'utilisation inégalée. Tour à tour cloison, toiture, natte, vaisselle, mobilier ou charpente, il sait vraiment tout faire !

1-2. Entièrement meublée et décorée d'objets rapportés de Bali, cette cabane en bambou est un agréable refuge au plus fort de la chaleur. En effet, naturellement ventilée par des ouvertures au niveau de la toiture, elle est très agréable même en plein cœur de l'été et offre d'innombrables possibilités d'aménagement.

3. Conçue par un architecte français, mais fabriquée en Indonésie en bambou et cocotier (végétaux à fort renouvellement), selon des techniques artisanales, cette cabane, dépourvue d'eau et d'électricité, s'inscrit dans une démarche de développement durable par le choix de ces matériaux et sa faible emprise sur le sol.

3

1

2

3

Invitation au voyage

Noyée au milieu de la végétation, cette magnifique cabane conçue sur mesure évoque à merveille les splendeurs et l'opulence asiatiques. Réalisée en mélèze et châtaignier (pour le sol), elle a été construite sur pilotis en surplomb d'un petit ruisseau, sa longue terrasse ouvrant sur la nature profuse. Véritable maisonnette avec ses 39 m² de surface, on y accède par une passerelle de 45 m qui serpente au-dessus du ruisseau.
Raffinée dans son architecture, cette cabane hors norme l'est aussi dans son aménagement, ethnique et chic : mobilier choisi, jacuzzi sur la terrasse, vaste chambre à la décoration précieuse, salle de bains cachée derrière une cloison habillée de galets noirs, etc.

1. Mélange original d'inspirations diverses, cette construction unique a été pensée pour accueillir amis et hôtes dans un cadre dépaysant. Elle a donc été implantée sur pilotis, au cœur de la végétation et surplombe un cours d'eau, comme en pleine jungle. Pourvue d'une longue terrasse en ipé et d'un jacuzzi abrité sous l'avancée du toit, d'une sélection de mobilier évoquant l'Asie et son raffinement, elle offre un confort inégalé aux hôtes qui y séjournent.
2-3. Dotée d'une longue baie coulissante qui se cache complètement dans la cloison, la cabane s'ouvre largement sur la terrasse et son panorama. Elle accueille sur un sol de châtaignier blond un grand espace nuit meublé de façon raffinée et une salle de bains. Une cloison habillée de galets noirs d'Indonésie les sépare. Cet étonnant élément décoratif semble donner le ton au reste de la décoration composée de très beaux objets asiatiques, telle que la tête de lit (portes indiennes anciennes).

LES CABANES FUTURISTES

Rondes ou carrées, posées ou perchées, les cabanes font aussi le bonheur des avant-gardistes tout autant que des nostalgiques de l'enfance. Le concept de « petit habitat léger » a, c'est vrai, de quoi tenter les adeptes de science-fiction ou de design à petite échelle ! La cabane pouvant se transformer au gré des fantasmes en bulle de plastique transparent, chrysalide imperméable, bulle géodésique ou cube minimaliste, avec toujours cette même sensation de liberté et de plaisir ! Très prisées comme habitats de loisirs, ces cabanes du futur font bien sûr le bonheur des vacanciers à la recherche de sensations nouvelles, mais sont tout aussi fonctionnelles comme annexes, transformées en chambre supplémentaire, atelier ou bureau, salle de jeux pour les enfants ou maison de piscine.

Pour certains, vivre dans une cabane ne signifie pas forcément dans des conditions spartiates ! Confort, raffinement et même design peuvent en effet s'inviter dans ces habitations miniatures, reproduisant à petite échelle les codes décoratifs de nos intérieurs. Certes, on est du coup un peu loin de l'esprit d'aventure, mais… pourvu qu'on ait l'ivresse…

Transparence futuriste

Le Vercors en toile de fond. Une prairie piquetée de marguerites. Et le ciel comme unique témoin. Ici, les cabanes sont des bulles et les nuits sont magiques ! Un bivouac de luxe, la tête dans les étoiles, mais sans la rosée du petit matin...

Ce concept novateur de sphères nomades a été lancé par une toute jeune entreprise qui s'est attachée à mettre au point cette « bulle de cristal » gonflable de 3,50 à 4 m de diamètre, totalement transparente et sans armature. Variante contemporaine du jardin d'hiver pour organiser un dîner « en plein air », aménager un bureau, un espace zen ou une chambre supplémentaire, cette sphère quasi extraterrestre ne nécessite pas de permis de construire et peut être montée (et démontée) en quinze minutes !

1. Apparition décalée au milieu d'une prairie verdoyante, cette drôle de cabane sphérique en matière plastique est maintenue par un dispositif de soufflerie qui en renouvelle aussi l'air. Totalement transparente, protégée du rayonnement UV, on y pénètre par un sas d'entrée qui permet d'entreposer bagages et chaussures avant de pénétrer dans la chambre.

2. Avec ses presque 4 m de diamètre, la bulle ménage un espace agréable et très lumineux, que l'on peut à loisir habiller d'une moquette façon fausse pelouse, et piqueter de pâquerettes ! Décorée en chambre nuptiale, elle prend, la nuit venue, des allures de capsule spatiale, avec pour seul plafond la féerie d'une nuit étoilée.

1

2

Cocon suspendu

Un rêve de gosse. Une cabane dans les arbres. Non, plutôt une bulle, un cocon. Un espace tout rond accroché au tronc, avec sa plateforme suspendue, sa passerelle courant jusqu'au sol et son enveloppe modulable. Version fermée pour la nuit, version ouverte pour le jour, pour profiter au maximum de la nature tout autour.
Cette bulle dans les arbres utilise une structure innovante et brevetée présentant toutes les garanties de sécurité, de qualité et de respect de l'arbre hôte. Avec ses 3,50 m de diamètre, elle se déploie facilement pour englober la plateforme de 270° et offre alors un hébergement chaleureux et confortable pour deux personnes. À moins que vous ne souhaitiez l'utiliser pour une petite sieste en journée, confortablement installé dans une nuée de coussins, un bon bouquin sur les genoux, avec les écureuils pour voisins...

1. Légère, repliable (donc offrant une prise au vent réduite), cette bulle perchée offre un espace de vie circulaire tournant autour du tronc de l'arbre, où l'on peut aisément installer deux lits pour passer la nuit.
2-3. Un lieu idéal pour se délecter d'un bon livre, profiter du point de vue, organiser un dîner improbable, faire une sieste, contempler la nature et, à la tombée du jour, refermer la bulle en un cocon douillet pour y dormir à l'abri.

Igloo nouvelle génération

Et si la cabane de nos rêves ressemblait plutôt à un refuge high-tech haut de gamme, digne d'une station polaire du XXIe, version écolo tout de même ? Pour ceux qui rêvent de dormir dans un dôme géodésique au milieu d'un champ de neige (mais au coin d'un bon feu de bois et sous une couette moelleuse), voici le Whitepod. Une coque en polyester (avec des composants isolants issus de la Nasa) montée sur une plateforme, développant un espace intérieur lumineux, chaleureux, d'une dizaine de mètres de diamètre, soit environ 40 m^2.
Et là, comme dans un igloo gigantesque, un espace de vie ultra-cosy avec un poêle à bois, un lit immense sous son amoncellement de couettes et de coussins, de beaux objets chinés et un bloc salle de bains tout en bois, servant aussi de tête de lit et même de couchages supplémentaires en hauteur. Le tout avec une vue invraisemblable sur le lac de Genève, bien à l'abri derrière ce dôme transparent digne d'un film de science-fiction. La cabane du futur !

1-2. Posé sur une ample plateforme sur pilotis pour être isolé du froid et de l'humidité, le Whitepod offre une surface habitable de près de 40 m^2 permettant d'y aménager un espace de vie d'un confort absolu. Un poêle à bois en assure le chauffage et l'eau provient d'une source toute proche.

3. Tel un œil immense s'ouvrant sur la blancheur étincelante du grand champ de neige, le Whitepod possède une vaste partie transparente orientée sud. Le soir, une lourde tenture la camoufle pour restituer l'atmosphère d'un igloo véritable, isolé du bruit et du froid extérieurs, bien au chaud sous les couettes opulentes et les peaux de mouton.

2

3

Audace contemporaine

Pour prolonger encore l'état d'esprit si particulier de sa décoration, alliance du bien-être et de la contemplation, du confort et du design aussi, un hôtel a conçu pour l'une de ses chambres à l'étage une extension audacieuse dans l'énorme platane bordant la façade : une cabane de 8 m^2 de forme cubique, coiffée d'un toit de cuivre, et dotée d'une unique et immense ouverture protégée par un garde-corps vitré qui offre au petit salon perché une magnifique vue panoramique. Complètement isolée des regards, cette « annexe » romantique est une invitation au repos et au voyage intérieur.

1

2

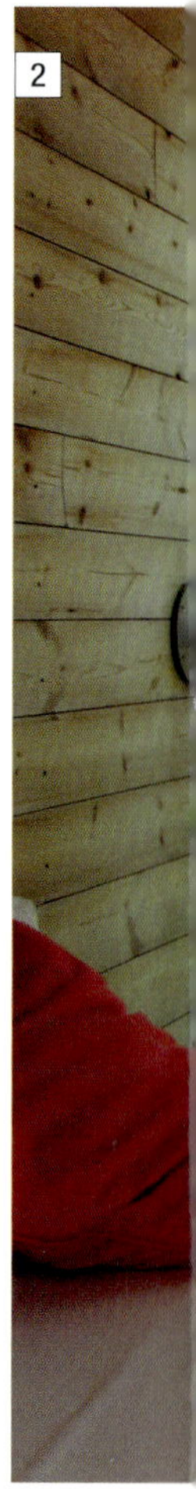

1. Arrimée au balcon de la chambre par une passerelle métallique complètement sécurisée, la cabane a pris place à la fourche d'un immense platane qui la camoufle en partie dans son feuillage. Composée d'un espace de 9 m^2 environ, elle fait face au jardin grâce à une immense baie vitrée, étonnante cloison-tableau qui invite à la contemplation.

2-3. Depuis la chambre d'hôtel, une passerelle dallée d'ipé invite à traverser vers l'espace surprenant de cette cabane perchée, traitée de manière très zen avec ses parois aux voliges horizontales, sa cloison entièrement vitrée et sa décoration contemporaine. Une version esthétique et design de la cabane perchée, option cinémascope !

3

1

Modernité cubique

Mêler les mots cabane et contemporain, tel est le pari relevé par les propriétaires de ce curieux cabanon en Périgord. À côté d'une belle bâtisse du XVIIe siècle, ils ont osé le contraste saisissant de cette construction de bois cubique à toit plat : une cabane du XXIe siècle, fraîche et sobre, meublée de mobilier contemporain dans un esprit épuré, et qui peut accueillir une famille de quatre personnes le temps de vacances insolites.

1. Inspirée de l'idée de cabane, cette construction n'en est pas vraiment une puisqu'elle a été bâtie en briques, puis revêtue d'un bardage en pin ! Néanmoins, sa petite surface d'environ 25 m^2 et son esprit un peu bohème la rangent résolument du côté des cabanons de loisirs, version contemporaine néanmoins. Car, dotée d'une terrasse protégée par une voile d'ombrage, on y cultive les notions de bien-être et de liberté.

2. Pour harmoniser sa façade arrière avec la belle bâtisse périgourdine qui lui fait face, celle-ci a été habillée de pierres locales. Un mélange de matières finalement très réussi avec le bardage de pin brut que le temps a patiné de gris.

3. À l'intérieur, la maîtresse de maison a joué la carte de la sobriété et de la modernité avec un sol carrelé de grès, des murs clairs, un mobilier aux lignes pures et une élégante baie vitrée métallique pour la partie ouvrant sur le jardin.

Les matériaux

Petit habitat d'appoint construit avec les matériaux locaux, la cabane doit souvent son image très « nature » à sa structure en bois, un matériau encore peu répandu dans nos maisons principales. Résistant, isolant, 100 % naturel, permettant des assemblages multiples et des effets variés, le bois est un matériau plein de qualités et très agréable à utiliser. Quant au bambou, outre son incroyable résistance, sa grande légèreté et son aspect esthétique, c'est de surcroît un matériau écologiquement performant puisque, grâce à sa croissance ultrarapide (jusqu'à un mètre par jour pour certaines variétés), ses forêts se régénèrent à une vitesse folle !

Les toitures

Dans la même démarche privilégiant les matériaux naturels pour la construction d'une cabane, le choix de la couverture s'impose tant d'un point de vue esthétique, que pour sa qualité d'isolation, son pouvoir de ruissellement et sa résistance. Dans la plupart des cas, les matériaux naturels sont ici aussi privilégiés : tavaillons de bois ou de bambous imbriqués dans un agencement très graphique, bottes de sagne superposées (isolant thermique et phonique, imperméable à l'eau), tapis de brande (résistant aux insectes et aux champignons), etc.

Les décors de façades

Inspirées des habitations créoles, les cabanes se parent souvent de décorations de façades, festons et autres lambrequins qui agrémentent le bord des toitures, les balustres ou les encadrements de fenêtres. Ces dentelles de bois ajourées, placées en saillie sur les rives d'un toit, confèrent un charme indéniable au plus humble des cabanons, apportant une touche de raffinement à des façades de bois parfois un peu modestes, lorsqu'elles ne sont pas peintes.

Les matières

Habillée de bois du sol au plafond, la cabane aspire à une décoration tout aussi naturelle, un mélange de simplicité et de convivialité qui correspond à son esprit d'aventure et son côté écolo ! Pour aménager votre petit nid, il faudra donc privilégier les matières naturelles (pourquoi pas bio) telles que le bois bien sûr, mais aussi le bambou, la paille, l'osier, et pour les textiles : le lin, le chanvre, la laine et le coton. Côté couleurs : écru, blanc, sable, ficelle, taupe, chocolat... avec une petite teinte de rouge pour les cabanes de montagne, de turquoise ou de bleu lagon pour les paillotes en bord de mer, de vert anis ou jaune paille pour les cabanons de campagne.

Les douches

Côté commodités, la cabane n'est pas toujours à la hauteur ! Résolument spartiate parfois, elle sait se passer d'eau courante, préférant un petit plongeon dans la rivière toute proche. Et lorsqu'elle est perchée, son assainissement n'est pas toujours aisé. Pourtant, si point d'eau il y a, préférez un aménagement là aussi un peu hors norme, nature, sans sophistication pour coller à l'esprit du lieu ! Un abreuvoir ou un fond de cuve en guise de bac de douche, une bassine ou un bol de bambou pour le lavabo, et une robinetterie de récupération patinée par les ans... et l'instant de la toilette prend une tout autre dimension !

Le chauffage

Très souvent dépourvue d'électricité par souci d'authenticité, de faible impact sur l'environnement (ou de difficultés techniques), la cabane doit pouvoir être chauffée pour supporter la fraîcheur des nuits, ou même être occupée en hiver. L'isolation peut être réalisée avec des matériaux naturels, tels que la laine de mouton, le bois constituant par lui-même un matériau isolant. Le mieux est donc d'installer un poêle à bois en fonte (dont on fera circuler le conduit à travers la pièce) : une solution peu coûteuse, complètement écologique, et au charme indéniable.

P. 4 à 125
Première édition française © 2015 Editions Massin, Société d'Information et de Créations – SIC. Première édition originale *The complete guide, Build your kids a treehouse* © 2007 Creative Publishing International, Inc.
Textes Philip Schmidt ; Traduction Valentine Palfrey ; Illustrations Jon Simpson ; Photographies Joel Schnell.

p. 126 à 191
Première édition © 2011 Editions Massin, Société d'Information et de Créations – SIC.
Textes et photographies Pascale et Bruno Boigontier.

Direction d'édition : Thierry Lamarre
Correction-révision : Nord Compo
Mise en pages et couverture : Nord Compo

Éditions Massin
Publiées par Société d'Information et de Créations - SIC
Une société de Marie Claire Album
10 bd des Frères Voisin - 92792 Issy-Les-Moulineaux CEDEX 9 - France
Tél. 01 41 46 88 88
RCS Nanterre 302 114 509
SARL au capital de 822.000 euros

ISBN : 978-2-7072-1285-6
N° Éditeur : 38369
Imprimé par Elcograf S.p.A., Vérone, Italie
Dépôt légal : avril 2022.

www.sotrendoo.com